CHAQUE PIÈCE, 20 CENTIMES.   THÉATRE CONTEMPORAIN ILLUSTRÉ   MICHEL LÉVY FRÈRES, ÉDITEURS, RUE VIVIENNE, 2 BIS.

L'AMOUR QUI TUE

DRAME EN SEPT ACTES ET HUIT TABLEAUX

PAR

M. CHARLES GARAND

REPRÉSENTÉ POUR LA PREMIÈRE FOIS, A PARIS, SUR LE THÉATRE BEAUMARCHAIS, LE 23 SEPTEMBRE 1860.

Distribution de la pièce

ANDRÉ....................	MM. DRARY.	LARDILLON...................	DARROU.
SOSTHÈNE................	GARNIER.	ROSE.......................	Mmes LAFONT.
SAVIGNY..................	LENIBAR.	GEORGETTE.................	ROLLAND.
JOHNSON.................	LÉONCE.	FLORINE....................	MARIANI.
DE CHARLIEU.............	GIBERT.	MADAME DESCHAMPS.......	C. GILBERT.
MAUCROIX................	OBERTHAL.	LA MACÈRE.................	PERSONNE.
BEPPO...................	MARTAL.	MADAME CANIN.............	E. ROSE.
ROUSSILLON..............	HAMELIN.	LUCIENNE..................	JULIA.
PIERRE...................	GILBERT.	CLÉMENCE.................	ANNA.
FRÉMISSARD..............	ARMAND.	FÉLICIE....................	MEYER.
GALUCHET................	ADALBERT.	TROIS VOISINES.............	JENNY, BERTHE, LEBRUN.

— Droits de reproduction et de traduction réservés. —

ACTE PREMIER

Un atelier de fleuriste. — Porte au fond. — Deux fenêtres — De l'une, on découvre la Cité avec la perspective de Notre-Dame, l'Hôtel-Dieu et la Morgue.

SCÈNE PREMIÈRE

MADAME DESCHAMPS, ROSE, GEORGETTE, FÉLICIE, CLÉMENCE, autour d'une table, à travailler.

GEORGETTE. Ma bonne madame Deschamps, j'ai une faim!.., j'ai une faim!... Quelle heure est-il donc?
(Midi sonne.)

MADAME DESCHAMPS, se levant. Voilà midi ... et le déjeuné Georgette.
LES OUVRIÈRES, se levant avec joie. Ah! ah!
MADAME DESCHAMPS. Mes enfants, prenez votre demi-heure... et bon appétit... moi je vais faire une petite course...
ROSE. Vous ne serez pas longtemps, madame Deschamps...
MADAME DESCHAMPS. N'aie pas peur, ma petite Rose.
(Elle sort.)

SCÈNE II

LES PRÉCÉDENTES, moins MADAME DESCHAMPS.

FÉLICIE. Je vais aux provisions... Qui est-ce qui veut quelque chose?

GEORGETTE. Apporte-moi trois sous de pommes frites, bien mesurées.
ROSE. A moi, deux sous de chocolat.
CLÉMENCE. A moi, quatre sous de saucisson.
FÉLICIE. Avec ou sans ail?
CLÉMENCE. Avec, — et un sou de pastilles de menthe pour faire passer le goût.
FÉLICIE, sur le seuil. C'est-il tout?
TOUTES. Oui.

(Félicie sort.)

SCÈNE III

LES PRÉCÉDENTES, moins FÉLICIE.

CLÉMENCE, désignant Rose pensive. Qu'est-ce qu'a donc Rose à pencher la tête comme un saule pleurnicheur?...
ROSE. Moi, je réfléchissais...
CLÉMENCE. Et qui se force à rire pour nous dérouter? — Ell rêve, sans doute, au coup d'œil que lui a lancé, l'autre jour, quand nous étions ensemble, un certain beau monsieur sur le trottoir.
GEORGETTE. Qui ça, Rose?
ROSE. Je ne sais pas de qui Clémence veut parler.
CLÉMENCE. Allons donc!... Ce monsieur s'est retourné ensuite. — J'en suis sûre, j'ai des yeux dans le dos pour ces choses-là!
ROSE. Il a pu se retourner pour vous.
CLÉMENCE. Non, non; je le sens quand c'est pour moi, c'était bien pour vous... Et ce qu'il y a de mieux, c'est que je le connais, ce beau monsieur... c'est un jeune élégant qui loge en face.
GEORGETTE, courant à la fenêtre à gauche. Ah! bah!... Un beau brun, distingué?... Je le connais de vue aussi.
CLÉMENCE, à la fenêtre. Et qui a l'air cossu. Il occupe un premier avec des rideaux de soie rouge... Il a là 4,000 francs de loyer comme un sou.
GEORGETTE. Et vous êtes sûre que c'est le même qui a remarqué Rose?
CLÉMENCE. Sûre.
GEORGETTE. Au fait... eh bien, après? C'est flatteur pour Rose et pour M. André Deschamps qu'elle doit bientôt épouser.
ROSE. Et qui est bien le seul qui puisse me préoccuper. D'abord, je vous en avertis, plus j'approcherai du grand jour, plus vous me verrez silencieuse et pensive. J'ai le bonheur très en dedans, moi.
GEORGETTE. Et il est temps qu'il nous arrive... Comme Rose, j'ai perdu père et mère sans les connaître. Voilà donc tout le bonheur de notre enfance qui a été confisqué... C'est à rattraper... Et ce seront nos maris qui paieront les dommages-intérêts.
CLÉMENCE. Dam! C'est possible que peut-être bien c'était moi que reluquait le voisin.
GEORGETTE, ironique. Un brillant parti pour vous, madame veuve Clémence.
CLÉMENCE, sèche. J'ai les goûts distingués, mais je n'exagère pas mes espérances, mademoiselle.
GEORGETTE. C'est prudent.
CLÉMENCE. Pourquoi ça?
GEORGETTE. Pour éviter les déboires.
CLÉMENCE. En ai-je à craindre?
ROSE. Mes amies...
GEORGETTE, à part à Rose. Sosthène lui trotte en tête et je veux qu'elle perde cette habitude-là... (Haut.) Mais arrivez donc les pommes frites! Arrivez donc!

SCÈNE IV

LES PRÉCÉDENTES, FÉLICIE, revenant avec les provisions.

FÉLICIE. Vous ne savez pas!... J'viens d'rencontrer Florine!
TOUTES, excepté Rose. Florine!
GEORGETTE. Qui travaillait avec nous, il y a un an!
FÉLICIE. Juste!... Dans les falbalas jusqu'au cou maintenant.
CLÉMENCE. Bah!
FÉLICIE. Elle m'a parlé, malgré ma friture... et quand je lui ai dit que madame Deschamps était en course, elle m'a répondu, comme ça, qu'elle allait vite venir nous pousser une visite... Le temps d'entrer et de sortir de chez son parfumeur.
GEORGETTE. Elle était chez son... Elle a un parfumeur à elle?...
FÉLICIE. (Courant au fond.) Faut croire... La voilà.

SCÈNE V

LES PRÉCÉDENTES, FLORINE, en pimpante toilette. Luxe de bijouterie, une élégante boîte à la main.

TOUTES, hormis Rose. Ah! comme la v'là belle!...
FLORINE. Et pas plus fière pour ça!
(Elle leur saute successivement au cou.)
Bonjour, Félicie, bonjour, Clémence, Georgette...
(Elle va vers Rose.)
ROSE, Très-froide. Bonjour, mademoiselle.
FLORINE, s'arrêtant et la regardant. Ah! on se tient...
CLÉMENCE. On épouse le fils de la patronne...
FLORINE, avec un geste de : Je m'en moque! Mademoiselle Rose devient le lieutenant de madame Deschamps... un dragon de vertu.
ROSE. Un régiment que mademoiselle a déserté.
FLORINE. Je n'avançais pas.
(On rit.)
GEORGETTE, à mi-voix à Rose. Fais-lui un instant bonne mine pour la faire raconter... Elle est si drôle!
ROSE. Si nous sommes d'honnêtes filles, nous ne pouvons lui faire bon accueil.
GEORGETTE. Bath! Faut pas y mettre tant de façons que ça.
FÉLICIE, examinant la toilette de Florine. Ah! le beau cachemire!
FLORINE, faisant la roue. Un thibet de quinze cents francs... Vois-tu la marque dans le dos?
CLÉMENCE. Et la belle robe!
FLORINE. Quatorze lés, grande largeur, vingt-cinq francs le mètre!... Un billet de mille de garniture...
GEORGETTE. Et quel amour de chapeau!
FLORINE. Un boulevard des Italiens! ma chère... Ça vous donne des airs de tête qui la leur tourne à tous.
FÉLICIE. Et les beaux bijoux!
FLORINE. Du Janisset... Et regarde-moi ce cendrillon-là. (Elle avance le pied coquettement chaussé.) Là-dedans, c'est un triomphe d'avoir des pieds!
(Elle tire un mouchoir parfumé.)
GEORGETTE. Ah! que ça sent bon!
FLORINE, lui fourrant le mouchoir sous le nez. Verveine des Indes! Georgette. J'ai acheté là tout un petit assortiment.
GEORGETTE. De parfumerie? Oh! Voyons vite. (Florine ouvre la boîte.) — (Comme en extase.) Ah! on dirait tous les jardins du Paradis! (Sortant un savon.) Ah! quel savon! On mordrait dedans comme dans une meringue!... Et de la pommade!...
FLORINE. Violette de Parme.
FÉLICIE. Et ce flacon doré?
FLORINE. De l'eau de Lubin.
GEORGETTE, avec exaltation. Non, non, toutes ces odeurs-là ça me met dans un état... Voyez-vous, mes amies, j'suis une ouvrière, mais pour sûr, j'ai le nez d'une duchesse! Si jamais, moi, je me perds... Ça commencera par le nez.
(Toutes rient.)
FLORINE, à mi-voix. Ma petite Georgette, je t'enverrai une boîte pareille et nous causerons.
GEORGETTE. Ah! quel bonheur!
FÉLICIE. A-t-elle de la chance cette Florine!
FLORINE, se campant. Pour ça oui.
GEORGETTE, se ravisant. Oui, mais tout ça... c'est le beau côté de la chose... mais l'autre.
TOUTES. Ah! oui, dis donc l'autre...
FLORINE. Quel autre? Mais tous les côtés sont beaux.
GEORGETTE. Tous! C'est pas possible! Car enfin, tu comprends, Florine... depuis que tu es devenue légère, la...
FLORINE. Puisque mon cœur bat par ci par là? Les pauvres, les marchands et mes domestiques m'adorent?... Je me laisse voler sans bouger.
GEORGETTE, riant. Parce qu'ils te volent l'argent des autres.
FLORINE, naïvement. Il ne manquerait plus que ce fût le mien.
GEORGETTE. Oui, mais voilà ce qui doit t'attirer des avanies, dans l'occasion.
FLORINE. Des avanies! A moi! Oh!
GEORGETTE. Dam! Les honnêtes gens rageurs et colletmontés.
FLORINE. Jamais, au grand jamais, on ne m'a adressé un mot blessant!... J'ai d'ailleurs une position sociale.. Je fais partie de la gran de famille des artistes.
GEORGETTE. Tu es une artiste?
FLORINE. Oui, mesdemoiselles... A la suite d'une partie d'âne à Montmorency, j'ai reçu et accueilli des propositions de l'Hippodrome.
FÉLICIE. Ah bah!
FLORINE. Oui, j'ai le pied dans l'étrier! Je vous enverrai des billets pour mes débuts...

TOUTES. Ah oui !
FLORINE. En attendant, qui veut venir avec moi en Italie?
TOUTES. En Italie !
FLORINE. Je veux voir les pays chauds... On y mange les oranges sur l'arbre.
GEORGETTE. Mais l'Hippodrome?
FLORINE. Il y a des succursales. Viens-tu avec moi, Georgette.
GEORGETTE. Grand merci ! Qu'est-ce que dirait mon épouseur Sosthène?
(Mouvement de Clémence.)
FLORINE. Un ouvrier ! Ma pauvre Georgette, toi si blanche, si jolie.
GEORGETTE. Dam, oui ! Mais aussi il m'épouse pour de bon, lui. Au lieu de cachemires et de bijoux, il me donnera son nom et de l'amour vrai... — Ça habille bien aussi.
ROSE. Bien répondu, Georgette.
FLORINE. Dam, on ne peut pas tout avoir ! La vertu, c'est estimable... mais il faut toujours remonter le courant. (S'étourdissant.) Bah ! des bêtises à côté de ma vie, un tourbillon de fêtes, en plein paradis parisien, comme dit la chanson.
TOUTES. Oh ! dis-nous la chanson, Florine.
ROSE. Mesdemoiselles...
GEORGETTE. Laisse-nous tranquille.
FLORINE, riant, allant à Rose. Ça peut s'entendre, mon municipal. Premier couplet et la danse au refrain.
TOUTES. Bravo !

FLORINE, chantant.
Musique de M. Paul Blaquières.

PREMIER COUPLET.

Tous ceux qui sur la terre,
Voulant se divertir,
N'ont qu'une chose à faire,
Pour bien y réussir.
C'est de venir en France,
Se fixer à Paris,
Et de mener bombance,
Sans regarder au prix.

REFRAIN AVEC DANSE.

Avec l'or, mes amis,
On est en Paradis !
Paris, Paris, Paris !
Est un vrai Paradis !

DEUXIÈME COUPLET.

Le Russe qui s'ennuie,
Dans son pays glacé !
L'Anglais que sa patrie
Rend lugubre et blasé ;
N'ont pour seule ressource,
De se remettre en train,
Que de remplir leur bourse,
Et de prendre un chemin.

Le chemin, mes amis,
Le chemin de Paris.
Paris, Paris, Paris !
Est un vrai paradis !

FLORINE. Et savez-vous ce qui les fait courir ainsi? C'est la Parisienne qui dame le pion à toutes !... Écoutez notre description... Il a fallu allonger le couplet pour y suffire.

Grands yeux noirs, leste allure,
Petit pied frétillant,
Sémillante tournure,
Joli nez insolent !
Dent blanche, et fraîche bouche
Servant des faims d'enfer,
(A l'écart de Rose.)
De vertu, peu farouche,
Dès que vient le dessert.
Habile à vous séduire,
Toujours prête à danser
Aimer, pleurer et rire...
Puis à recommencer.
Voilà bien, mes amis,
Les dames de Paris.
Paris, Paris, Paris !
Est un vrai Paradis !

Dernier couplet ! et tableau final ! Ah ! les plaisirs de Paris !

(Avec enthousiasme.)

C'est là que cent spectacles,
Surpassant nos désirs,
Inventent des miracles
Pour servir nos plaisirs :
Ce sont des sérénades,
Dans d'enivrants jardins,
Ce sont des cavalcades
Suivis de soupers fins ;
Ce sont les bals féeriques
Des anges d'ici-bas
Que d'ardentes musiques
Font tomber dans vos bras,
Et mille et cœteras !
Aussi chacun signale,
Vous allez m'applaudir,
Paris la capitale,
Du monde... et du plaisir !
Et voilà, mes amis,
Les plaisirs de Paris !
Paris, Paris, Paris !
Est un vrai Paradis !

(Danse et entrain général. — Madame Deschamps est entrée au milieu du brouhaha.)

SCÈNE VI.

LES PRÉCÉDENTS, MADAME DESCHAMPS.

GEORGETTE. Madame Deschamps !
(Silence et immobilité de toutes.)
FLORINE, très-embarrassée, à part. Aïe, aïe ! (Haut.) Ah ! bonjour, chère madame Deschamps.
MADAME DESCHAMPS, glaciale. Chère madame ! Pas si chère que ça, vilain oiseau !
FLORINE. Hein !
FÉLICIE, à Georgette. V'là le grand jamais qui ne compte plus.
MADAME DESCHAMPS, apostrophant Florine. Qu'est-ce que vous veniez faire ici dans votre attirail?.. Faire la roue?... Leur monter la tête !.. Les appeler, ces pauvres poulettes : Petit, petit, petit !.. Pst, pst, pst !.. vers les coqs qui vous empanachent et vous encanaillent !
FLORINE. Ah ça, dites donc !
MADAME DESCHAMPS. Ah ! vous montez quatre étages pour tâcher de les dénicher sur place, en mon absence... Pas de ça, Margot ! Tout ça c'est de la belle propre jeunesse qui aime à vivre dans un chemin qui vous tourne fièrement le dos ! (Avec violence.) Tenez, j'vais vous montrer où mènent les deux routes... par cette fenêtre qui donne sur la Cité. (Elle ouvre la fenêtre.) Rose, comment trouves-tu la vue qu'on a d'ici?
ROSE. Charmante !... On voit Notre-Dame en plein !
MADAME DESCHAMPS. Notre-Dame qui est...
ROSE. L'église où j'ai fait ma première communion, où je me marierai avec André, où l'on baptisera nos petits enfants... En voilà assez pour me la faire aimer, cette bonne cathédrale !
MADAME DESCHAMPS, amenant Florine devant la fenêtre. Et vous, mademoiselle Florine, qu'est-ce que vous dites de cette vue-là ?
FLORINE, regarde et recule, détournant la tête. Affreux ! Je ne logerais pas ici pour tout l'or du monde !
MADAME DESCHAMPS. Parce qu'au lieu de ne voir que Notre-Dame qui ne vous regarde plus, vous n'avez vu à l'horizon... que l'Hôtel-Dieu et la Morgue ! ! !

(Silence de toutes.)

FLORINE, troublée, regarde madame Deschamps restée immobile à lui désigner la direction sinistre. — Elle prend son nécessaire de parfumerie et sortant. Vieille chouette, va !

SCÈNE VII

LES PRÉCÉDENTES, moins FLORINE.

(Silence.)
MADAME DESCHAMPS, après une pause. Une leçon pour toutes.
GEORGETTE. Comme vous y allez, madame Deschamps !
MADAME DESCHAMPS. Comme les chirurgiens... Je coupe quand il y a de la gangrène !... Quand c'est de l'honnête monde... Cerbère devient mouton. (Allant prendre deux cartons.) Clémence, Félicie, vous allez porter ces cartons *à la Fileuse*, rue du Bac... On attend dessus.
MADAME CLÉMENCE, se levant. On y va, madame Deschamps... *A la Fileuse*?
FÉLICIE, riant. Alors, filons vite.

(Elles sortent.)

SCÈNE VIII

MADAME DESCHAMPS, GEORGETTE, ROSE.

GEORGETTE, après une pause, regardant madame Deschamps. Je parie que vous les avez envoyées en course...
MADAME DESCHAMPS. Pour être seule, c'est vrai... j'étais inquiète.
ROSE. De quoi, madame Deschamps ?

MADAME DESCHAMPS. Qu'est-ce que vous a dit cette Florine... ?

GEORGETTE, riant. C'est pour ça ?... C'est vrai qu'elle était bien mise et parfumée, — mais il faudrait plus d'une séance pour nous dénaturer.

MADAME DESCHAMPS, respirant. Qu'est-ce que ça sent donc ici ?

GEORGETTE, riant. La verveine des Indes. (Allant ouvrir la porte au fond.) On va faire un courant d'air purifiant. (Revenant à Rose on riant.) Elle a le nez vertueux, notre patronne. (Rose rit.)

MADAME DESCHAMPS. Petites folles ! C'est parce que je veux vous conserver ce bon franc rire, que je m'émotionne, quand, d'une manière ou de l'autre, se montre un danger.

GEORGETTE, Un danger ! Bien de l'honneur pour mademoiselle Florine !

MADAME DESCHAMPS, regardant Rose et comme se parlant à elle-même. Grand Dieu si... (Elle s'arrête.)

GEORGETTE, très-curieuse. Mais achevez donc, madame Deschamps ?...

MADAME DESCHAMPS. changeant de ton. Enfin, bref, cette Florine n'y reviendra plus... Mais ferme donc la porte, Georgette... il y a un courant d'air.

GEORGETTE, obéissant. Oui, oui, vous détournez la conversation maintenant.. Vous nous dites un : Grand Dieu si... qui nous amorce pour savoir la suite... et la suite ne vient pas.

ROSE, à Georgette. Parce que la suite m'aurait fait du mal, Georgette.

GEORGETTE. Du mal ?

MADAME DESCHAMPS, courant à Rose. Rose, des larmes dans les yeux !

ROSE, la regardant avec instance. Vous pensiez à ma mère ?

MADAME DESCHAMPS, vivement. Non ! non !

ROSE. Vous dites non, les yeux baissés, en hésitant... comme ceux qui mentent, par hasard, et par bonté.

MADAME DESCHAMPS. Mais non. Là-dessus je t'ai dit la vérité et je te la répète. — A trois mois, tu as été orpheline de tes parents morts très-jeunes et très-pauvres comme ceux de Georgette aussi. L'assistance publique vous a élevées et mises, à dix ans, en apprentissage, chez moi, qui tout de suite vous ai aimées... Voilà votre passé !...

GEORGETTE. C'est-à-dire que c'est fini.

MADAME DESCHAMPS. Pour le présent et l'avenir...

GEORGETTE, enlaçant ROSE. Nous restons jumelles.

MADAME DESCHAMPS. Plus que jamais. Vous êtes deux bonnes petites filles courageuses à bien faire... qui avez donné dans l'œil et le cœur de mon André et de son ami Sosthène. Dans un mois vous serez bravement installées dans vos petits ménages où je vous prédis du bonheur à foison.

GEORGETTE, avec regret, regardant la porte. J'aurais bien voulu que madame Clémence entendît le programme.

MADAME DESCHAMPS. Et comme ça, mes enfants, si vous n'avez pas connu vos mères pour les aimer longtemps... eh bien ! vous vous rattraperez sur la maman Deschamps !... Vos baisers se partageront sa figure. On a deux joues qui ne demandent pas mieux. (Elle ouvrant les bras.) Venez y goûter.

(Les jeunes filles accourent l'embrasser.)

SCÈNE IX

Précédents, SOSTHÈNE.

SOSTHÈNE, entrant vivement. Madame Deschamps...

MADAME DESCHAMPS. Ah ! mon Dieu qu'est-ce qu'il y a ?

SOSTHÈNE. Ne vous effrayez pas... C'est sans doute pas dangereux puisque moi je n'ai rien eu...

MADAME DESCHAMPS. André est en danger ?

ROSE. André !

SOSTHÈNE. Non, non. Voilà ce que c'est. Une roue d'omnibus s'est cassée.. et... comme nous étions sur l'impériale...

MADAME DESCHAMPS. Vous êtes tombés !

SOSTHÈNE. Tous les deux... et André s'est fait mal au bras. On l'a relevé et on l'amène.

MADAME DESCHAMPS, voulant sortir. Ah ! mon Dieu !

SOSTHÈNE, la retenant. Tenez-vous tranquille... C'est lui qui m'envoie...

MADAME DESCHAMPS et ROSE. Mais où est-il ?

SOSTHÈNE. On le monte dans l'escalier avec un monsieur qui nous a aidés à le relever... Et maintenant que vous voilà averties, je vais les rejoindre. Ah ! les voilà déjà.

SCÈNE X

Les Précédents, ANDRÉ, soutenu par SAVIGNY et un homme.

MADAME DESCHAMPS et ROSE. André.. !

ANDRÉ. Ma bonne mère, Rose... N'ayez pas peur... Ce n'est rien.

SAVIGNY, désignant. Dans ce fauteuil.

MADAME DESCHAMPS. Monsieur, ce n'est pas dangereux... ?

SAVIGNY. Je crains que le bras ne soit cassé...

MADAME DESCHAMPS et ROSE. Cassé !...

SOSTHÈNE. Sacré omnibus ! Enfin ! ça se remet un bras cassé !...

SAVIGNY. Parfaitement ! Mon médecin s'en chargera, mes amis.

GEORGETTE, à mi-voix. Mais, dis donc, Rose, c'est le monsieur d'en face...

ANDRÉ à Savigny. Et combien de temps ça peut-il durer un bras cassé ?...

SAVIGNY. Six semaines ! Le docteur viendra tous les jours...

ANDRÉ, à part. Tous les jours !

SOSTHÈNE, à part. Ça coûtera dur !...

ANDRÉ. Pardon, monsieur... quel hospice me conseillez-vous ?

SAVIGNY. Aucun, puisque je suis là...

ANDRÉ, embarrassé. C'est que...

SAVIGNY. Mon ami, votre accident vous est arrivé devant ma porte... Je vous ai relevé et vous considère comme une occasion de faire une bonne action, tombée du ciel. Je la ramasse... Je vous dis cela d'avance pour le calme d'esprit que je veux que vous ayez pendant le cours du traitement... Une poignée de main quand vous serez sur pied... Le médecin me remettra votre note, et nous serons quittes... Ça vous va-t-il ?

ANDRÉ, MADAME DESCHAMPS, ROSE. Ah ! monsieur !

SOSTHÈNE, à part. En v'là une chance d'avoir versé devant une rareté de monsieur comme ça ! Je prendrai son numéro en cas de nouveaux casse-cou.

SAVIGNY, écrivant une adresse. Voici l'adresse du médecin. Qu'il vienne tout de suite...

SOSTHÈNE, lisant. 6, place de l'Hôtel-de-Ville.

SAVIGNY. Courez vite...

SOSTHÈNE, se sauvant. Un éclair, monsieur.

SCÈNE XI

Les Précédents, moins SOSTHÈNE.

SAVIGNY. Préparons tout de suite le premier pansement... Des ciseaux... des bandes de linge, mesdemoiselles...

GEORGETTE. Voilà, voilà, monsieur.

ROSE, regardant Savigny avec admiration. Dieu que c'est beau d'être bon !

SAVIGNY, à part. Très-bien ! Bon début dans la place.

ACTE DEUXIÈME

Salons de l'hôtel de Charlieu. — Au fond, dans un deuxième salon, un riche buffet.

SCÈNE PREMIÈRE

ROUSSILLON, PIERRE.

ROUSSILLON. Minuit !... Espérons que ce sera la valse du couvre-feu ! Non, jamais je ne comprendrai qu'un bal d'ouvriers doive inaugurer les soirées de M. de Charlieu. Les grands seigneurs s'en vont ou se rapetissent. (Voyant paraître Pierre, portant un grand plateau de glaces.) Encore une fournée de glaces !...

PIERRE. Et ce ne sera pas la dernière... Donnez vite les petites cuillers, M. Roussillon.

ROUSSILLON, dédaigneux. Prenez vous-même.

PIERRE. Ah ! c'est vrai ! Monsieur désapprouve la soirée ! (Il dépose le plateau et tout en prenant des cuillers.) Eh bien, moi, je la trouve de très-bon goût cette fête que monsieur le comte de Charlieu et madame la baronne, sa fille, donnent ce soir aux ouvriers, pour étrenner un hôtel qu'ils ont bâti, meublé, tapissé, doré... Ces idées-là viennent d'un cœur juste et point fier...

ROUSSILLON. Il suffit... Je n'admets pas qu'on déroge.

PIERRE, au fond. M. Roussillon, savez-vous ce qu'est un domestique aristocrate ?

ROUSSILLON. Dites à monsieur que le thé est servi...

PIERRE. C'est une écrevisse qui prône l'eau bouillante.
(Il sort par la droite.)

ROUSSILLON. Faquin !

SCÈNE II

ROUSSILLON, DE CHARLIEU, LUCIENNE, entrant par le fond.

CHARLIEU. Ainsi tu t'es amusée?
LUCIENNE. Et ce n'est pas fini. — Roussillon, a-t-on apporté?...
ROUSSILLON. Oui, Madame.
LUCIENNE. Tout est dans ma chambre? (Roussillon s'incline.) Bien. (Roussillon présente une tasse de thé à Charlieu qui s'est assis.) Jamais je n'ai ressenti une joie plus franche... Tous ces visages épanouis, cet entrain!... Une bonne inspiration que vous avez eue là, mon père, d'offrir cette fête à ces braves gens.
CHARLIEU. J'ai toujours aimé et pratiqué la vieille maxime: Quand on fut à la peine, il convient d'être à la réjouissance.
LUCIENNE. Vous verrez que cette inauguration portera bonheur à la gaîté des soirées de l'hôtel.
CHARLIEU. C'est aussi une pensée qui m'est venue. As-tu remarqué les protégés de Georges?
LUCIENNE. M. André Deschamps et mademoiselle Rose la bien nommée... et leurs amis, M. Sosthène et Georgette. Ils formaient le plus charmant quadrille et feront les ménages les mieux assortis... Je prétends contribuer à tout ce prochain bonheur. (A de Savigny qui entre.) Eh bien, cousin, vos amis nous restent?

SCÈNE III

LES PRÉCÉDENTS, SAVIGNY.

SAVIGNY. Je viens vous l'annoncer... Cela s'est offert tout seul. Lorsque mon oncle a eu distribué ses poignées de main de bonsoir, on a, d'un commun accord, décidé qu'après un galop final, on se retirerait discrètement en chargeant messieurs André et Sosthène, mesdemoiselles Rose et Georgette, de venir vous offrir un remerciement général.
LUCIENNE. Comme c'est délicat, cher père... (A Savigny.) Et ils vont venir?...
SAVIGNY. Le galop commence... Dans dix minutes.
LUCIENNE. Cher père, accompagnez-moi dans ma chambre, pour me dire votre avis sur mes offrandes. (A Savigny.) Faites les honneurs... nous revenons.

SCÈNE IV

SAVIGNY, puis JOHNSON, MAUCROIX.

SAVIGNY. Tout marche à merveille!... Mon oncle serait mon compère qu'il n'eût pas mieux agi.
JOHNSON, entrant par le fond avec Maucroix, accent américain. Parmi ces femmes, il y en a de charmantes, surtout deux...
SAVIGNY. Je sais lesquelles, ami Johnson.
MAUCROIX. Seulement pour vous, c'est le fruit défendu... En amour, vous êtes trop absolus en France, vous autres Anglais.
JOHNSON, sec. Monsieur Maucroix... une fois pour toutes, je ne suis pas Anglais, je suis Américain...
MAUCROIX. Américain ou Anglais...
JOHNSON. Sont les extrêmes.
MAUCROIX. Bref, vous êtes des Anglais marrons...
JOHNSON. Preuve que nous ne voulions plus l'être. L'Anglais est l'homme de son pays... l'Américain est le citoyen du monde... Partout chez lui et sans gêne en tout... et surtout en amour!... Cela va sans dire.
MAUCROIX. Dites toujours un peu... pour avoir un aperçu.
JOHNSON. Messieurs, on captive les femmes comme les chevaux ou les nègres... par la douceur ou l'intimidation! Si la douceur échoue, en place de: Madame, mademoiselle, je désire... dites: Madame, mademoiselle, je veux.
SAVIGNY. La plus simple grisette française redresserait vos idées là-dessus.
JOHNSON, tirant un dictionnaire de sa poche et feuilletant. Grisette! Quoi est cela?
SAVIGNY. La première honnête petite ouvrière venue...
JOHNSON. Une ouvrière! mais c'est le pain sec en amour.
SAVIGNY. Chacun son goût et son système. — Vous avez prétendu, mes amis, qu'en fait de tendresse, je devais n'avoir d'yeux, de battements de cœur que pour la jeune et jolie veuve millionnaire, ma cousine, qui avec mon oncle, nous fait les honneurs de cette soirée fantaisiste... Il n'en est rien.
MAUCROIX, ironiquement. Ce bal renferme sa rivale?
SAVIGNY. Oui, Maucroix. Je couve, en ce moment, une passion pour une Lucrèce de mansarde qui depuis quatre mois me laisse surnuméraire.
JOHNSON, feuilletant son dictionnaire. Surnuméraire?
MAUCROIX. Qui aspire à être employé!...
JOHNSON. Oh! yes. Je comprends! Quatre mois?
SAVIGNY. Soit! C'est un jeu de patience, mais l'enjeu le mérite. — Je ne sache rien d'attrayant comme une jeune fille, belle, intelligente, passionnée, pauvre et cependant résolue à rester honnête. Quand sur la rue, je crois en rencontrer une de cette trempe, j'ai envie de la saluer, et une bonne fortune avec elle m'apparaît comme plus séduisante que n'importe quel triomphe de haute volée! — Dans l'antiquité, j'aurais préféré la dernière amazone avec sa nourriture de cresson, à Cléopâtre qui buvait des perles...
MAUCROIX. Vous être un raffiné...
JOHNSON, tirant un calepin et prenant des notes. Laissez parler, Docteur, pour que je note les nuances.
SAVIGNY. Cela posé: voici la tactique à suivre...
1° Attirer l'attention de la jeune fille sans qu'elle se doute que c'est dans votre intention.
JOHNSON. Yes!... Après...
SAVIGNY. 2° Guetter ou faire naître une occasion qui vous présente sous un jour favorable...
JOHNSON. Très-bien.
SAVIGNY... Une fois en rapport, sans que toujours la jeune fille se doute qu'on pense à elle, il faut par son langage, par sa tournure, son esprit, son cœur... beaucoup de cœur surtout, lui apparaître comme une supériorité comparé à qui que ce soit de son entourage, y compris le prétendu, s'il y en a un.
JOHNSON. Facile.
SAVIGNY. Cela obtenu... augmenter habilement la dose des attentions et des compliments. Les comparaisons marchent leur train... et vous préoccupez la novice... Un jour, son cœur battra plus vite, à l'arrivée, plus lentement au départ... Vous montez, grandissez dans ce cœur comme un petit déluge... et un matin ou un soir, vous dépassez tout. Moralement, la fillette est votre conquête.
MAUCROIX, souriant. J'admire le moralement.
JOHNSON, cherchant. Conquête...
SAVIGNY. Conquête veut dire que la jeune fille vous aime... mais entre être aimé et le succès final... il y a encore un abîme. Il n'y a qu'un pont pour le franchir... c'est le mariage. (Rires.)
MAUCROIX. C'était donc pour en arriver là.
SAVIGNY, souriant. Messieurs... il y a des ponts volants, des passerelles. — Le mariage s'offre comme l'horizon de la terre promise... si rapproché, si tentateur, si vraisemblable, que son mirage éblouit, fascine et endort les trente-six anges gardiens dont semblent être possédées les honnêtes filles sur le qui-vive!... — Mariage! Mariage! mot qui traduit pour elles l'amour permis... voilà le magnétique refrain dont il faut sanctifier son sourire, ses paroles, ses regards, jusqu'à l'une de ces minutes d'éblouissement où la jeune fille, bercée, enivrée par la certitude d'être votre femme le lendemain, se laisse aller à le devenir la veille..., et cela enivre par vertu, en vous balbutiant: — Vois, comme je suis sûre que tu ne me tromperas pas!
JOHNSON. Yes, mais le lendemain...
SAVIGNY. Tous les sursis s'obtiennent. Comment l'ange s'envolerait-il... il a les ailes cassées!...
JOHNSON. Je comprends... Et où en êtes-vous?
SAVIGNY. Depuis un mois, j'épiais une occasion... quand le fiancé de ma belle tomba d'une impériale d'omnibus... juste devant ma porte... Je le relevai... Il avait un bras cassé... J'avais trouvé mon passe par-tout... Durant quarante jours, sous les yeux de la mère et de la demoiselle... j'ai fait soigner et guérir M. André... par le docteur Maucroix, avec un luxe de bonté, de simplicité... et de final désintéressement qui m'ont rendu l'idole de la maison...
MAUCROIX. Je vous servais d'échelle...
SAVIGNY. A votre insu, docteur... J'opère délicatement... Ce soir, j'espère livrer l'un de mes derniers assauts.
JOHNSON. Ah!
SAVIGNY. Mademoiselle Rose... Elle s'appelle Rose... se trouve, ici, avec son inséparable amie, mademoiselle Georgette... toutes deux en compagnie de leurs fiancés.
JOHNSON. Mademoiselle Georgette, une brune vivace.
SAVIGNY. C'est cela.
JOHNSON. Je l'ai remarquée.
SAVIGNY. Avez-vous aussi remarqué que son prétendu a l'œil vif et le geste emporté?
JOHNSON. N'importe! (La musique du galop s'arrête.) Cher Savigny, sans vous choquer... toutes vos précautions savantes seraient superflues pour le gentleman américain... et votre mer à boire ne lui serait qu'un verre d'eau. Je vous le prouverai... sinon avec votre Rose, du moins avec d'autres fleurs, mademoiselle Georgette, par exemple.

(Il rit, satisfait de lui.)

SAVIGNY. Mes amis, le galop est fini... On va venir... Je vous recommande la plus exquise courtoisie...

SCÈNE V

Les précédents, ANDRÉ, SOSTHÈNE, ROSE, GEORGETTE,
Rose, un bouquet à la main.

UN DOMESTIQUE, *annonçant.* Messieurs André Deschamps et Sosthène Pitanchard.
SAVIGNY, *allant au-devant.* Mes amis, mademoiselle Rose. (Il la conduit s'asseoir sur un divan. Elle s'incline timidement.)
JOHNSON, *même jeu pour Georgette.* Mademoiselle Georgette.
GEORGETTE, *à part.* Tiens, il sait mon nom, celui-là.
SOSTHÈNE, *à part.* Je n'ai qu'un regret, ça finit trop tôt.
ANDRÉ, *à Savigny.* Cher monsieur, nous venons...
SAVIGNY. Prolonger la soirée, je l'espère bien.
SOSTHÈNE, *à part.* Cré nom! comme ça m'irait.
ANDRÉ *à Savigny.* Pardonnez, monsieur...
SOSTHÈNE, *toussant et regardant André.* Hum! hum!
ANDRÉ. Nous venons de la part des camarades qui viennent de partir...
SAVIGNY. Je me doute de l'ambassade... mais elle s'adresse à mon oncle et à ma cousine, qui vont venir... et qui recevront vos remerciements, mais pas encore vos adieux?...
SOSTHÈNE, *à Georgette.* Bravo! il y aura de la rallonge. Crénom!
JOHNSON, *cherchant dans le dictionnaire.* Rallonge?...
GEORGETTE, *bas à Sosthène.* Ne dites donc pas toujours : crénom...
SOSTHÈNE. Tu préfères : Cristi ou mazette?
GEORGETTE. J'en veux aucun. C'est des mots pas comme il faut.
SOSTHÈNE. Ah!
GEORGETTE. Et puis, asseyez-vous... Je vous avertis que je tousserai chaque fois que vous vous échapperez...
SOSTHÈNE, *assis.* C'est bien... On se tiendra... mais positivement je n'ai pas assez dansé, moi.
SAVIGNY, *présentant un album à André et Rose.* Un album de famille...
GEORGETTE, *accourant.* Oh! je veux voir aussi.
SOSTHÈNE, *à part.* Moi, j'aime pas les albums. C'est un plaisir trop tranquille.
JOHNSON, *en observation.* Très-jolie, la brunette.
SOSTHÈNE, *se levant.* J'puis pas rester assis. J'ai positivement encore un quadrille dans les jambes. (Il frétille.)
GEORGETTE, *toussant.* Hum! hum!
SOSTHÈNE. C'est bien, on se raidit. C'est celui d'*Orphée aux Enfers*, le plus fourmillant de tous. Si je m'occupais à me verser une tasse de quelque chose pour noyer le temps. (Il va vers la table et se verse à boire.)
GEORGETTE, *toussant.* Hum! hum!
SOSTHÈNE. Encore! Tousse, ma fille. Pourquoi que c'est là? Je vais me faire un grog.
SAVIGNY *à André.* Le brave André! Que je regrette que madame votre mère n'ait pas pu venir.
ANDRÉ. Excusez-la, elle est touchée de toutes vos bontés.
SAVIGNY. Si votre bras avait été plus robuste, je vous aurais prescrit de l'enlever de force.
ANDRÉ, *ému.* Merci.
GEORGETTE, *à part, à Rose.* Ton monsieur Savigny, c'est un ange en frac! Si j'étais duchesse j'en raffolerais!
(Rose tressaille.)
SAVIGNY. Ah! mon oncle...
ANDRÉ, *à part, à Rose.* Je suis tout ému, moi.
ROSE, *comme malgré elle.* Vous aussi!

SCÈNE VI

Les Précédents, DE CHARLIEU, LUCIENNE.

CHARLIEU, *avec grande affabilité.* Messieurs, mesdemoiselles, soyez les bienvenus!... — Mon cher George vous a tous en grande estime et bonne affection, et j'en prends ma part. (Allant aux jeunes miss.) Chères enfants, vous êtes aussi jolies qu'on vous dit sages et habiles... et mon neveu ne se trompait pas en disant qu'il me présenterait un jour de plus gracieux futurs ménages... (A Lucienne et aux autres:) Lucienne, messieurs, si nous ressuscitions, en leur faveur, un des usages les plus à regretter du bon vieux temps... la santé des arrivants qui les accueille en leur souhaitant bonheur.
TOUS. Bravo!
(Chacun prend un verre sur des plateaux présentés par des domestiques.)
CHARLIEU, *élevant son verre.* A votre heureux avenir, jeunes gens!

ANDRÉ, SOSTHÈNE, *et les jeunes filles émus.* Monsieur, madame, merci.
GEORGETTE, *à Sosthène.* C'est la famille du père éternel, ces gens-là!
SOSTHÈNE. En ligne directe. (A André.) Faut qu'à not'tour nous remercions. Vas-y.
ANDRÉ, *ému.* Je ne trouve pas un mot, tant je suis...
SOSTHÈNE, *vivement.* André, faut pas caner avec la reconnaissance... On nous supposerait des mal appris. Tu n'parles pas. J'y vais du pied droit et le cœur déployé
GEORGETTE, *à mi-voix.* Mais dans le bon ton...
SOSTHÈNE. Comme d'habitude. (S'avançant et toussant.) Monsieur de Charlieu, madame... Pardon, excuse de ne point vous avoir riposté sur le coup. Nos quat'cœurs n'y étaient plus de satisfaction reconnaissante... de reconnaissante satisfaction! Mais voyez-vous... la reconnaissance chez nous, comme chez tous les camarades... que nous représentons pour l'instant... c'est comme le champagne!... tant plus il est comprimé, tant plus il part fort!
GEORGETTE. Hum! hum!
SOSTHÈNE, *la regarde et pour se tirer d'embarras crie à tue-tête* Enfin, bref... A la vôtre, monsieur de Charlieu et toute la compagnie.
(On rit et on boit.)
CHARLIEU. Merci, mes amis, et faites-nous l'amitié de prolonger la soirée avec nous.
SOSTHÈNE, *à part.* Ça y est. (Haut.) Monsieur de Charlieu, nous vous faisons l'honneur...
SOSTHÈNE. Ah! oui, pardon. C'est... c'est le contraire. J'suis bête! C'est nous qui... sommes honorés... Enfin, vous me comprenez, quoi! (A Georgette.) Le bon avec moi, c'est que je m'en tire toujours proprement!
JOHNSON, *lorgnant Georgette.* Je goûterai à cette brunette.
ANDRÉ, *se souvenant.* Rose! Et notre bouquet pour madame?
ROSE. Ah! oui. (Très-émue.) Madame, voulez-vous bien accepter pour remerciement, notre émotion et ces fleurs.
LUCIENNE. Merci, mademoiselle... Mais ces fleurs sont artificielles! et votre ouvrage?
ROSE. Oui, madame.
LUCIENNE. Voyez donc, mon père.
CHARLIEU. Admirable!
SAVIGNY. Mademoiselle Rose connaît en outre et dit d'une manière charmante une petite scène en l'honneur de ces fleurs.
LUCIENNE. Oh! dites-nous-là, mademoiselle Rose.
CHARLIEU. Je vous en prie, chère enfant.
ROSE. Avec plaisir.
(Elle prend le bouquet, composé de roses, d'immortelles et de fleurs d'oranger.)
(Chantant.)
Il est trois fleurs, les trois plus belles,
Qu'il faut aimer et protéger,
C'est la rose, les immortelles
Et le bouton de l'oranger !

Des roses, des roses! Achetez des roses. La rose est la fleur des heureux... Elle naît avec le printemps... — Elle est douce à voir, douce à respirer et s'épanouit comme un sourire !... Les jeunes filles, pour captiver les épouseurs rêvés, placent des roses dans leurs cheveux... — Les mamans ombragent de boutons de roses les chapeaux de leurs enfants, et de rideaux roses, leurs berceaux pour les y voir dormir le teint rose... — Les jeunes coquettes s'habillent en rose... — On aime les doigts et les bouches roses... — Le ciel n'est jamais si beau que lorsqu'il est rose... — L'enfant Jésus devait être blanc et rose... On dit des gens toujours contents qu'ils voient tout en rose... Messieurs et dames... achetez des roses...
Messieurs et dames, saluez l'immortelle... C'est la fleur des souvenirs... — C'est la fleur de la couronne qui dit aux absents : Bonjour et au revoir. — C'est la fleur du pèlerinage des vieux soldats à la place Vendôme... C'est la fleur que toute la France achète et sème sur nos cimetières, à la fête des trépassés... — Tous les cœurs glorieux se paient l'immortelle... et l'on en vend beaucoup en France! Messieurs et dames, achetez, achetez l'immortelle...
La fleur d'oranger ! Achetez la fleur d'oranger !
La jeune fille l'aime, la regarde et l'achète en rougissant... — C'est la fleur dont on raconte des miracles... « Un jeune homme, pour séduire une jeune fille, avait imaginé de lui acheter une couronne d'oranger pour lui en faire accroire. La jeune fille, confiante, la mit sur son front et regarda le jeune homme... et en la voyant ainsi, le séducteur fut échangé en mari véritable... car au lieu de continuer ses arrière-pensées pour mener la jeune fille au mal... il la conduisit à l'église...»

Messieurs et dames, achetez la fleur d'oranger.
(Bravos de tous... On entoure Rose pour la féliciter.)
CHARLIEU. Charmant, chère enfant !
LUCIENNE. Vous m'avez fait un plaisir.
ROSE. Ah ! que j'en suis heureuse !
SAVIGNY, offrant un rafraichissement. Rafraichissez votre succès... (A Sosthène, André et Georgette.) Mes amis, là-bas au buffet, je vous recommande le faisan doré.
SOSTHÈNE. Ma foi,.. je serais curieux de mordre dans c'te dorure-là !
GEORGETTE. Moi aussi !... Ça embaume d'ici !...
SOSTHÈNE, à mi-voix, Toujours portée sur vot'nez...
SAVIGNY, à Johnson qui rôde autour d'eux. Johnson, votre bras à mademoiselle.
JOHNSON, empressé. Oh ! yes, mademoiselle.
SAVIGNY, offrant son bras à Rose, Mademoiselle Rose...
(Rose accepte et remonte avec Savigny dans la direction du buffet ; Lucienne, qui s'était éloignée pour donner ses ordres, revient, ramenant Rose et Savigny.)
LUCIENNE. A quand votre mariage, mademoiselle Rose ?...
ROSE. Dans un mois, madame.
LUCIENNE. Me permettrez-vous de lui offrir un petit souvenir ?
ROSE. Madame...
LUCIENNE. Venez me dire s'il est de votre goût. (Conduisant Rose, toujours au bras de Savigny, vers deux corbeilles que les domestiques ont déposées précédemment.) Voici votre corbeille et celle de vos amis...
ROSE, confuse. Quoi ! madame, vous voulez... Oh non ! c'est trop de bonté !... (A part.) Mon Dieu comme mon cœur bat !...
(Elle va vivement au fond où l'on voit Sosthène, Georgette, André, et Johnson, affairés au buffet... Rose leur fait consément part des corbeilles.)
JOHNSON, à part. La brunette est fascinée...
SOSTHÈNE, tenant une assiette garnie d'une main, un verre de l'autre et redescendant. Pas possible !...
GEORGETTE, à Lucienne. Comment, madame.
SOSTHÈNE. Oh ! voyons voir !... Tiens-moi ça, Georgette !...
(Il lui donne son assiette et son verre, s'essuie les mains, la bouche, puis à Lucienne.) Vous permettez, madame ? (Désignant sa corbeille.) Que je déballe un peu... J'adore déballer...
LUCIENNE, souriant. A votre aise, mon ami...
GEORGETTE, à Sosthène. Oh ! quel bonheur !
SOSTHÈNE, lève le couvercle avec une exclamation. Une robe de soie marron !... non puce !... et quelle étoffe ! vingt francs le mètre !... (A Georgette.) Regarde-moi ça... comme c'est serré !... On dirait du reps !... Je m'y connais, j'ai un cousin aux Villes de France...
GEORGETTE, regardant. Et un saute-en-barque, avec des boutons d'acier ! Sosthène, tiens-moi donc ça ?
(Elle lui rend l'assiette et le verre.)
JOHNSON. Elle est coquette !... Bon à savoir...
GEORGETTE. Et des mouchoirs avec mes lettres futures : G. P ! Ah madame ! quel bonheur ! avec mes lettres !... Et un peignoir avec des entre-deux de dentelles !...
SOSTHÈNE. C'est là-dedans que tu seras appétissante...
GEORGETTE. Oh ! hum ! hum !... et les beaux fichus !...
SOSTHÈNE. Voyons, voyons, (Lui tendant l'assiette et le verre.) Tiens-moi donc un peu ça... que je m'en mêle aussi.
(Georgette reprend l'assiette et le verre.)
JOHNSON, indiquant le verre et l'assiette. Mais si vous vous débarrassiez de cela ?
GEORGETTE. Au fait, c'est vrai. (Les présentant à Johnson.) Si vous étiez assez bon, monsieur l'Anglais.
JOHNSON, Américain, Américain,
SOSTHÈNE, lancé. Ah ! Madame, monsieur... entre nous, c'est à la vie, à la mort... (A Georgette.) Ils ont tout prévu. — Au fond, il y a du madapolam pour les layettes des marmots... Nom d'un petit bonhomme !
GEORGETTE. Hum !
SOSTHÈNE, commençant à ne plus se connaitre. De quoi que tu tousses !... Pardon, excuse la compagnie... si j'ai un peu d'orage dans les manières ! c'est la joie et deux verres de tonnerre, (On rit. — à Georgette.) Et allez donc, Turlurette ! tu vois bien qu'ils vont !... Pas embarrassé tout Sosthène. (Secouant André.) Mais remue-toi donc, mon fiston. — Un de ces paniers te regarde aussi.
GEORGETTE. Sosthène !
(Il se met à danser.)
SOSTHÈNE. De quoi encore !... Ne m'éraille plus la margoulette, Georgette, c'est la oie qui me trémousse. La danse, voyez-vous la gymnastique du bonheur ! et je serai au comble si, si... Ah ! madame !.. M. de Charlieu, puisqu'ici c'est comme dans les contes des fées, où l'on attrape tout ce qu'on souhaite, puis-je t'y en faire un de souhait ?
(Savigny s'est penché à l'oreille de Lucienne qui sourit et fait un geste d'assentiment. Savigny remonte.)

GEORGETTE. Sosthène !
SOSTHÈNE. Puis-je m'exprimer ?
LUCIENNE. Accordé, M. Sosthène.
SOSTHÈNE. Alors, si ce n'était pas absolument impossible. Ah madame ! Ah monsieur... pour le dessert... un quadrille...
LUCIENNE. Messieurs, faites vos invitations.
(La musique joue, au fond, l'introduction d'*Orphée aux Enfers*.)
SOSTHÈNE, hors de lui. C'est lui ! Le pas chicard des Bouffes ? Mes enfants ! on danse !
JOHNSON, allant à Georgette. Mademoiselle, voulez-vous me faire l'honneur ?...
GEORGETTE. Volontiers, monsieur.
SOSTHÈNE, dans son coup de feu. Oui, danse avec lui, Il a l'air bon enfant, ce M. de la Tamise !
JOHNSON. Non non, pas la Tamise... le Niagara.
SOSTHÈNE. Ça m'est bien égal ! (A Savigny.) Monsieur, voulez-vous m'accepter pour festonnant vis-à-vis...
SAVIGNY, Très-bien. (A André.) Mon cher André, engagez ma cousine et faites vis-à-vis à M. Johnson.
ANDRÉ, allant à Lucienne. Madame me fera-t-elle l'honneur ?...
LUCIENNE. Très-volontiers, M. André.
SOSTHÈNE. Ah ça... mais il ne reste plus de femme pour moi ! (On rit. Prenant son parti il va devant une chaise, s'incline.) Mademoiselle, voulez-vous me faire l'honneur ?... (Il prend la chaise et l'apporte vis-à-vis de Savigny.) En avant !
ROSE, à part. Dieu ! comme mon cœur bat toujours !...
(L'orchestre joue la première figure. On danse. — Sosthène cancane, et, par instant, rentre dans l'ordre, en entendant tousser Georgette, — pour s'échapper encore, etc.)
SAVIGNY, à Rose, tout en dansant. Mademoiselle, répondez-moi comme à un frère... Aimez-vous plus que personne celui que vous devez épouser.
(Rose, comme suffoquée, éclate en sanglots, et semble se trouver mal. Savigny la soutient. — Interruption.)
ANDRÉ, GEORGETTE, SOSTHÈNE, l'entourant. Rose !
CHARLIEU et LUCIENNE. Qu'y a-t-il donc ?
SAVIGNY. Est-ce que vous souffrez, mademoiselle Rose ?
ROSE, avec effort. Oh ! pardon, pardon ! Ce n'est rien, c'est l'émotion... la joie.
SOSTHÈNE. Oh ! alors, si c'est une pluie de joie !...
ROSE. Oui, si, continuons...
SOSTHÈNE. A la bonne ! heure. (Revenant à sa chaise.) Ce n'est rien, madame !... Au contraire. — A vos places.
(La musique recommence.)
ROSE, tout en dansant, à Savigny. Oui, monsieur, je dois aimer et j'aime M. André... de tout mon cœur.
SAVIGNY, à part en dansant. Ce n'est pas vrai.
SOSTHÈNE, cabriolant et balançant sa chaise. Balancez vos dames !...

ACTE TROISIÈME

Troisième Tableau

(Une clairière dans le bois de Vincennes. — Un gros vieil arbre au milieu de la scène, ombrageant un banc de pierre.)

SCENE PREMIÈRE

ANDRÉ, SOSTHÈNE, MADAME DESCHAMPS, ROSE, GEORGETTE, MADAME CLÉMENCE.

SOSTHÈNE, entrant le premier, en manches de chemise, sa redingote sur un bras, un panier de provisions de l'autre.
Le voilà... le voilà, ce fameux chêne de saint Louis.
MADAME DESCHAMPS. Est-ce bien lui ?
SOSTHÈNE. Je l'ai lu dans un gros dictionnaire de la conversation, à l'article : Vincennes. C'est sur ce banc que le roi écoutait et jugeait les disputes de la vieille banlieue de Paris. Vous êtes, je crois, de Vincennes, madame veuve Clémence ?
CLÉMENCE. Oui, mon cher monsieur Pitanchard.
SOSTHÈNE. Eh bien il est probable que votre archi-archi-archi-bisaïeul s'est chamaillé, à cette place, devant Sa Majesté...
CLÉMENCE. Bien, possible... monsieur Sosthène.
GEORGETTE, à part. Le prénom !
ANDRÉ, à madame Deschamps lui désignant Rose pensive. Qu'est-ce qu'a donc Rose ?
MADAME DESCHAMPS. Je ne sais pas...
SOSTHÈNE, à part à André. Elle boude, et Georgette aussi, et j'aime pas ces simagrées-là. Je vais un peu l'émoustiller.

(Haut.) Qu'est-ce qui donne un baiser pour une chanson... qui vous prouvera que voilà le chêne de saint Louis. Il n'y a que les dames qui peuvent soumissionner.
ROSE, à mi-voix. Va donc, Georgette.
GEORGETTE. Non.
SOSTHÈNE. Ne vous élancez pas toutes à la fois. Ah ! madame Clémence a esquissé un mouvement timide !
GEORGETTE, avec aigreur. Madame, je vous en prie, ne vous gênez pas.
SOSTHÈNE, à Clémence. Sacrifiez-vous. (S'approchant.) Je fais les avances. (Avançant les joues.) La gauche ou la droite?
CLÉMENCE, avec dignité. La droite, monsieur Pitanchard.
SOSTHÈNE, tire son mouchoir, essuie sa joue droite. Voilà.
GEORGETTE, regardant madame Clémence embrasser Sosthène. Elle appuie.
ANDRÉ, à Rose. Est-ce que vous souffrez, mademoiselle Rose?
ROSE, en sursaut. Du tout, monsieur André.
SOSTHÈNE. La chanson.

(Chantant.)

PREMIER COUPLET.

Dans la forêt de Vincennes,
Jadis le roi saint Louis,
Venait s'asseoir sous un chêne,
Rendre justice au pays;
Il jugeait comme un oracle,
Pour changer le mal en bien,
Et pour comble de miracle,
Le procès ne coûtait rien.

DEUXIÈME COUPLET.

Sa renommée était grande,
Pour rendre à chacun l'honneur,
Un lapin, dit la légende,
Traduisit le grand-veneur,
L'appelant : Chat de prairie!
Dans un dédain obstiné...
Pour insulte et calomnie,
Le veneur fut condamné!

GEORGETTE. C'te bêtise !
SOSTHÈNE. Troisième couplet !!!
Voilà ce qu'apprend l'histoire
Ça remonte à treize cent...
D'aussi loin l'on pourrait croire,
Que l'histoire est un roman...
GEORGETTE. Ça, c'est positif. Un lapin qui vient se plaindre.
SOSTHÈNE. Et pourquoi pas, mademoiselle? La vie des saints fourmille de miracles.

(Chantant.)

J'en ai la preuve certaine.
(Montrant l'arbre.)
Le gaillard était présent.
N'est-ce pas? Réponds? vieux chêne...
(Pause. Attention de tous.)
Il se tait!... Donc... il consent.
(Rires de tous.)
(A Georgette.) Si vous aviez été une perfection... il parlait d'emblée... Vous le gêniez...
GEORGETTE, avec humeur. Laissez-moi tranquille...
MADAME DESCHAMPS. Mes enfants, je déballe le dîner.
(On s'assied.)
SOSTHÈNE, à Georgette qui a cueilli et effeuillé une marguerite. Vous plumez des marguerites? Qu'est-ce qu'elles disent?
GEORGETTE, aigrement. Pas du tout.
SOSTHÈNE. Madame Deschamps, passez-moi le jambonneau, que je me coupe des tranches de consolation contre l'humeur de ma promise.
ANDRÉ, offrant à Rose. Mademoiselle Rose...
ROSE, sérieuse. Merci, monsieur André.
ANDRÉ, à part. Elle a positivement quelque chose.
SOSTHÈNE, présentant une tranche à Georgette. Georgette de mon cœur...
GEORGETTE. Ah! le malpropre! qui m'offre ça avec les doigts naturels !
(Elle rejette le morceau.)
SOSTHÈNE. Dam! A la campagne. C'est bon, une autre fois on achètera des mitaines.
CLÉMENCE, à part, à madame Deschamps. Cette Georgette fait bien de l'embarras.
GEORGETTE, à Rose. Je trouve ce Sosthène archi-commun.
SOSTHÈNE. Pas si haut. Mademoiselle Georgette, vous verserai-je du champagne d'Argenteuil?
(Il verse.)

GEORGETTE, dédaigneuse. De la belle piquette !...
SOSTHÈNE, à André. Vinaigrée... ma fiancée!
(Il verse aux autres.)
MADAME DESCHAMPS. Mes enfants, à la santé de votre prochain bonheur!
SOSTHÈNE. C'est ça, maman Deschamps. (On trinque. Rose et Georgette en buvant sont prises d'une toux violente.)
SOSTHÈNE. Qu'est-ce qu'il y a?
GEORGETTE, toussant. J'ai avalé de travers.
ROSE. Et moi aussi.
SOSTHÈNE. Tiens! C'est drôle qu'à la santé de notre bonheur, elles avalent de travers toutes les deux.
CLÉMENCE. Oui, c'est drôle.
SOSTHÈNE. Enfin... Passons au dessert. (Regardant Georgette.) A qui-le chausson?
GEORGETTE, refusant. Merci.
SOSTHÈNE, stupéfait. Vous boudezà la tarte aux prunes? Ah! mais il y a quelque chose là-dessous que je veux éclaircir... et ça tout de suite. (Se levant.) Mademoiselle veut-elle accepter mon bras pour un tour d'explication?
GEORGETTE. Soit. (A part, à Rose.) Je lui dirai qu'il ait à devenir plus distingué ou sans ça... (A Sosthène.) Mettez votre habit... s'il vous plaît.
SOSTHÈNE, sortant, tout en mettant son habit. D'abord, pourquoi avez-vous boudé au jambon?...
(Ils sortent.)

SCÈNE II

LES PRÉCÉDENTS, moins SOSTHÈNE et GEORGETTE

MADAME CLÉMENCE à madame Deschamps. Comprenez-vous, madame Deschamps, les airs de pimbêche de Georgette avec M. Sosthène?
MADAME DESCHAMPS. Oui, c'est singulier, et je crois que Rose aussi n'est plus la même avec André.
CLÉMENCE. Ah !
MADAME DESCHAMPS. Regardez. (Elle désigne André resté silencieux à observer Rose qui, embarrassée, ne sait trop quelle contenance prendre.)
ROSE. Quelle petite folle que cette Georgette! Elle est excellente cette tarte.
ANDRÉ, sans répondre, allant à sa mère, à mi-voix. Bonne mère, j'ai le cœur gros, et je n'ose pas comme Sosthène offrir mon bras.
MADAME DESCHAMPS. Je te comprends. Madame Clémence, venez-vous faire un tour ?
CLÉMENCE. Volontiers.
ROSE. Je vais avec vous, madame Deschamps.
ANDRÉ. Restez un peu, mademoiselle Rose.
MADAME DESCHAMPS, à Rose, à part. Oui, reste, Rose, et écoute-le comme le plus dévoué de tes amis, en te rappelant que ta tendresse est son existence.
(Elle sort avec madame Clémence.)

SCÈNE III

ANDRÉ, ROSE.

ANDRÉ. Mademoiselle Rose, tout à l'heure ma mère a porté une santé à notre bonheur.
ROSE. Oui, M. André.
ANDRÉ. Ce bonheur, c'est notre mariage.
ROSE. Oui.
ANDRÉ, hésitant. Mademoiselle Rose... avez-vous commencé votre couronne de mariée?..
ROSE. Pas encore..
ANDRÉ, tressaillant. Pas encore!.. — Rose, depuis quelque temps vous n'êtes plus la même, je le vois, je l'entends, je le sens et ça me fait souffrir. — Rose, rassurez-moi, dites-moi que j'ai tort de me tourmenter.
ROSE. Vous tourmenter!... A cause de quoi donc?
ANDRÉ. Rose, vous souvenez-vous du jour où l'on m'a rapporté blessé à la maison?
ROSE. Oui, nous avons été bien inquiètes.
ANDRÉ, l'observant. Heureusement que je me rétablis promptement, grâce à l'assistance de notre riche voisin... (Rose se tait.)
ANDRÉ, même jeu. Ce fût généreux de la part de ce monsieur, monsieur... Comment s'appelle-t-il donc, je l'oublie toujours!
ROSE, embarrassée. Et moi aussi...
ANDRÉ, vivement. Vous ne vous souvenez pas de son nom, Rose?
ROSE. Cela vous étonne, n'est-ce pas?
ANDRÉ. Vrai!.. Vous ne vous souvenez plus... même après cette brillante soirée?..
ROSE, comme feignant de chercher. Oh ! c'est singulier... et bien peu reconnaissant à nous...
ANDRÉ, vivement. Oh! ne vous repentez pas. Ne cherchez pas

L'AMOUR QUI TUE

même ! Vous pourriez le trouver... et ma tristesse me reviendrait...

ROSE. Mais qu'avez-vous donc, M. André ?

ANDRÉ. Ce que j'ai ?... Mais c'était de lui dont j'étais jaloux !...

ROSE. De lui ?

ANDRÉ. Et j'avais tort puisque vous ne vous souvenez pas même de son nom !

ROSE, avec contrainte. Le fait est que c'est une preuve. Oui.

ANDRÉ. Pardonnez-moi ! Rose, c'était un détour que j'avais pris pour savoir la vérité... car voyez-vous, à la façon dont on prononce le nom d'une personne... j'ai idée que ça nous apprend si cette personne est aimée, détestée ou indifférente. — Souvent, Rose, je me prononce tout haut votre nom, et celui qui m'entendrait... saurait alors qui vous êtes pour moi. — Quand on aime, on n'a que le nom chéri dans la tête, le cœur. C'est le refrain de toutes les pensées... On ne veut et on ne demande que lui. — Si les hommes sont ainsi... les jeunes filles doivent en éprouver autant, et je vous ai tendu ce petit piège... et puisque, tout de suite, vous ne m'avez pas nommé ce jeune homme, c'est qu'il ne vous est pas resté dans le souvenir, dans le cœur. N'est-ce pas, Rose, n'est-ce pas ?

ROSE, avec effort. M. André... demain je commencerai ma couronne.

ANDRÉ, avec ivresse. Ah ! que je suis heureux ! — Je rayonne, et je vous trouve des yeux bien trempés pour me regarder en face... — Je me crois le soleil !

ROSE, touchée et résolue, à part. Oui, je l'aimerai ! ah ! mon brave André. — Oui, c'est vous seul que j'aime.

ANDRÉ, radieux. Ah ! Mais où donc avais-je pris mes idées de tout à l'heure.

SCÈNE IV
LES PRÉCÉDENTS, SOSTHÈNE, GEORGETTE.

SOSTHÈNE. Je vous dis, Georgette, qu'aujourd'hui vous êtes un écheveau horriblement fatigant à démêler.

GEORGETTE. Je suis comme ça quand j'ai mes nerfs.

SOSTHÈNE. Ses nerfs ! Une fleuriste !

GEORGETTE. Hein !

ANDRÉ. Sosthène.

GEORGETTE. Une fleuriste ! Comment avez-vous dit ça ?

SOSTHÈNE. J'ai dit ça pour vous mettre un peu de violette dans l'âme et de les manières... Moi aussi à la fin, je les attrape mes nerfs, et je m'en sers pour vous cingler la vérité !... Des nerfs ! mais c'est ridicule chez une ouvrière, c'est du luxe !... Laissez ça aux femmes qui ont du temps de reste pour ces représentations-là.. et vous.. ne songez qu'à fabriquer le plus de fleurs possible, dans la semaine... afin de grossir la paie du samedi, pour vous amuser le dimanche.. avec des gens de votre condition... qui sont vexés de vous voir un appétit qui méprise le jambonneau, une soif qui boude au petit blanc.. et des airs improvisés de mademoiselle de Carabas !.. Et voilà mes nerfs à moi ! Appelez-les nerfs de bœuf, je m'en fiche ! Et voilà !

ANDRÉ. Voyons, Sosthène !

ROSE. Georgette...

GEORGETTE, à Rose. Pas un mot. (Allant à Sosthène.) M. Sosthène Pitanchard, c'est dans quinze jours que nous devons nous marier.

SOSTHÈNE. Je l'ai entendu dire.

GEORGETTE. C'est un faux bruit. Je vous donne votre congé d'épouseur.

SOSTHÈNE. On ira se loger ailleurs... et tout de suite. Où est madame veuve Clémence ?

ROSE, à Georgette. Prends garde, Georgette.

GEORGETTE. Laisse-moi, Rose. Ah ! je suis une fleuriste ! C'est bien, monsieur, on va, pour vous, travailler dans les orties.

SOSTHÈNE. Mais où est donc madame veuve Clémence ?

SCÈNE V
LES PRÉCÉDENTS, MESDAMES DESCHAMPS ET CLÉMENCE.

SOSTHÈNE, courant à madame Clémence. Madame veuve Clémence, quelle est l'opinion que je vous ai inspirée. — Répondez-moi d'emblée..

MADAME CLÉMENCE, agréablement surprise. M. Sosthène Pitanchard, en général et en particulier, je vous ai toujours estimé comme étant tout à fait distingué, plein de manières.

SOSTHÈNE. Et cætera et cætera. Madame veuve Clémence, voulez-vous de moi pour succéder à votre défunt ?

MADAME CLÉMENCE, désignant Georgette. Mais je croyais...

SOSTHÈNE. C'est brisé. Voulez-vous de moi ?

MADAME CLÉMENCE. Du moment que mademoiselle Georgette brise votre bonheur, M. Pitanchard...

GEORGETTE. Vous vous chargez du raccommodage.

MADAME CLÉMENCE. Mademoiselle...

SOSTHÈNE, à Georgette. Pas d'épingles ! mademoiselle. Merci, madame veuve Clémence. (L'embrassant.) Voilà mon denier à dieu.

MADAME DESCHAMPS. Sosthène !

MADAME CLÉMENCE, vivement à madame Deschamps. Madame Deschamps, je vous en supplie... ne soyez point un bâton dans les roues de mon bonheur !...

SOSTHÈNE, allant à Georgette. Adieu, mademoiselle.

ROSE, à Georgette. Tu as eu tort. Fais un effort et reviens à lui.

GEORGETTE. C'est que c'est effrayant comme les maris distingués, parfumés, me trottent en tête !

ROSE. Chasse-les.

GEORGETTE. Enfin ! Faisons l'effort. D'autant plus que ça va molester cette petite Clémence. (Faisant signe.) M. Pitanchard, approchez...

SOSTHÈNE, accourant. Jamais.

GEORGETTE, à mi-voix. Je re-veux de vous.

SOSTHÈNE. Trop tard ! Les arrhes sont données ailleurs.

GEORGETTE. Allez les redemander.

SOSTHÈNE. Ce serait indélicat.

GEORGETTE, trépignant. Sosthène, une fois, deux fois.

SOSTHÈNE, vivement. J'y vais ! j'y vais... (Allant à madame Clémence.) Madame veuve Clémence, traitez-moi de faquin, de fainéant, de volage... mais décidément je suis indigne de vous.

MADAME CLÉMENCE, à part. Il me décommande ! (Haut et riant avec contrainte.) — Vous comprenez bien M. Sosthène, que je n'avais rien pris au sérieux.

SOSTHÈNE. Bah ! (A part.) Faisons l'étonné.

MADAME CLÉMENCE, tirant sa montre. Ça me rappelle même que je vais ce soir à l'Ambigu...

MADAME DESCHAMPS. Vraiment?...

MADAME CLÉMENCE. Oui, on m'attend... Je n'ai que le temps de courir au chemin de fer... A demain, bonne madame Deschamps... messieurs, mesdemoiselles...

SOSTHÈNE. Et sans rancune... au moins.

MADAME CLÉMENCE, riant. Comment donc...

(Elle sort.)

SCÈNE VI
LES PRÉCÉDENTS, moins CLÉMENCE.

GEORGETTE, à part. Un rire qui a la jaunisse !

SOSTHÈNE. Elle s'en va.. j'aime autant ça... (Revenant à Georgette.) Seulement, demain, nous publions les bans... Georgette ?...

GEORGETTE. Les publions-nous, Rose ?

ROSE. Oui, Georgette.

SOSTHÈNE. Je ne serai sûr d'elle... que quand le maire et le curé auront parlé... (A André.) Nous revoilà vis-à-vis...

ANDRÉ. Et cette fois, Sosthène, confiance ! (Courant à sa mère.) Je me trompais ! j'étais jaloux d'un homme dont Rose ne se rappelle pas même le nom... Demain, elle commence sa couronne... Ce n'est que moi qu'elle aime !...

MADAME DESCHAMPS, courant à Rose. Ah ! merci... Rose.

(On entend des dehors des cris : Arrêtez ! arrêtez !)

SOSTHÈNE, courant regarder. Diable ! un cheval emporté... Gare au cavalier !...

(De nouveaux cris : Arrêtez ! arrêtez !)

SOSTHÈNE, à André. Par ici, André.

(Madame Deschamps, Georgette, Sosthène, André, se lancent dans la direction des clameurs.)

ROSE, qui a regardé, avec un cri. George !...

(A ce cri, à ce nom, André qui allait sortir reste cloué en place et regardant Rose.)

ANDRÉ. Son nom ! (Il court à Rose... Celle-ci se maîtrise mal.) Vous pâlissez, Rose...

ROSE. Moi ?... Non !...

ANDRÉ, lui prenant la main. Vous tremblez, Rose...

ROSE. Moi ?... mais non...

ANDRÉ, lui portant la main au cœur. Je sens que votre cœur bondit, Rose...

ROSE. André, la vue d'un danger couru par... le premier venu... effraie...

ANDRÉ. Oh non... pas par le premier venu !

ROSE. Puisque je vous ai dit que je vous aimais...

ANDRÉ. Ça ne me suffit plus maintenant... (Comme frappé d'une idée et courant dans la direction de la sortie de Sosthène.) Ah !...

SCÈNE VII
LES PRÉCÉDENTS, MADAME DESCHAMPS, SOSTHÈNE et GEORGETTE.

ANDRÉ, courant à André. Eh bien ?

SOSTHÈNE. Ce n'est rien... On a arrêté le cheval.

ANDRÉ, bas. Silence, et ne me démentez pas...

SOSTHÈNE, à part. Compris!... (Haut.) Ah! le pauvre garçon, tombé raide-mort!
ROSE. Mort! (Elle chancelle et André la reçoit évanouie entre ses bras. Il la contemple avec une indicible expression de douleur, puis chancelle.
MADAME DESCHAMPS. André!...
ANDRÉ. Sosthène, Georgette, soutenez-la... je ne puis plus...
(Sosthène et Georgette obéissent.)
ANDRÉ, sanglotant et se jetant au cou de sa mère. Ma mère, ce n'est pas moi... c'est cet homme qu'elle aime!
SOSTHÈNE. Je te le disais, André, qu'à la santé de not'bonheur, elles ont avalé de travers... Cherche de l'eau, Georgette.

SCÈNE VIII
LES PRÉCÉDENTS, LA MACÈRE.

Elle traverse, au fond, grande, sèche, maigre, en deuil râpé.., et s'arrête à regarder le groupe des ouvriers.

MADAME DESCHAMPS, l'apercevant avec terreur. Ah! cette femme! (Tout à coup elle regarde Rose et André, et courant arrêter La Macère qui allait s'éloigner.) Madame, me reconnaissez-vous?
LA MACÈRE. Attendez donc... Ah! oui... C'est vous qui êtes venue, dans le temps...
MADAME DESCHAMPS, précipitamment. Oui... Vous demeurez toujours...
LA MACÈRE. Aux environs de mes affaires... Entre l'Hôtel-Dieu... et la Morgue...
MADAME DESCHAMPS. Je viendrai vous voir demain matin...
LA MACÈRE. A vot'service...
MADAME DESCHAMPS, accourant vers André, avec véhémence. André!... demain ce ne sera plus que toi qu'aimera Rose... Je te le jure...
(Elle regarde La Macère qui, comme un oiseau de proie, est resté en observation des groupes...)

Quatrième Tableau
CHEZ ROSE ET GEORGETTE.

Chambre d'ouvrière. Le lit de Georgette au fond. A droite, un placard avec une petite glace. Cheminée avec réchaud. Portes au fond, à droite et à gauche.

SCÈNE PREMIÈRE

La scène reste un instant vide. Puis entre Johnson en toilette fashionable, redingote boutonnée, larges favoris frisés, cravate excentrique, une élégante cravache à la main.

JOHNSON. Le concierge m'a dit : Mademoiselle Georgette ne peut tarder... elle a du lait sur le feu. (Il regarde et voit dans la cheminée une petite casserole sur le feu.) Yes, voici le lait... Il a bonne mine, ce lait de jeune fille... Si je déjeunais avec... La tasse est à côté... Déjeunons. (Il s'assied, verse dans la tasse et boit.) Aïe!... Bouillant!... (Tout en soufflant.) Ce Savigny avec ses longueurs est risible... Je veux, en une séance, lui montrer, qu'en amour comme en voyage, l'Américain va toujours en chemin de fer... Train de plaisir... 1re classe.

SCÈNE II
JOHNSON, GEORGETTE, avec des cornets de provision et un petit pain.

GEORGETTE. Un monsieur m'attend, m'a dit la portière. (Voyant Johnson buvant le lait.) Ah!... Eh bien! il ne se gêne pas celui-ci!.. (Courant à lui.) Eh bien, dites donc, vous buvez comme ça mon déjeuner, vous?
JOHNSON, la regardant. Oh! qu'elle est jolie dans l'étonnement!
GEORGETTE, avec colère. Ah ça! d'où venez-vous? qui êtes-vous? et que voulez vous? En voilà un toupet.
JOHNSON, tirant son dictionnaire. Vous! vous! vous! Quelle est jolie dans la colère!... (Cherchant.) Toupet? (Haut.) Perruque!... Non, mademoiselle, je ne porte pas... Je suis dans mes cheveux naturels!...
GEORGETTE, le reconnaissant. Tiens... mais c'est l'Anglais de l'autre soir.
JOHNSON. L'Américain, qui vient vous rendre une visite dès le chant du coq...
GEORGETTE, méfiante. Le chant du coq? Enfin, pourquoi faire...
JOHNSON, faisant miroiter sa bague en brillants. Pour, pour...
GEORGETTE. Est-ce que vous venez de la part de monsieur de Savigny?...
JOHNSON. No. Je viens de la part de moi-même. (Georgette le regardant.) Pour vous regarder, vous aimer. (Lui prenant la taille.) ma petite croquignole...
GEORGETTE, se dégageant. Croquignole et une prise de corps! Mais c'est une déclaration...
JOHNSON. Yes...
GEORGETTE. Comme Anglais...
JOHNSON. Américain...
GEORGETTE. On vous passe des choses cocasses, mais de celles-là... non...
JOHNSON. Aimez-moi, mon bijou...
GEORGETTE. M. l'Anglais... savez-vous que je serai bientôt la femme de monsieur Sosthène Pitanchard.
JOHNSON. J'y consens... mais en attendant..
GEORGETTE, avec colère. En attendant! Mais vous me prenez donc pour une vertu de camelotte.
JOHNSON. Camelotte? (Il cherche dans le dictionnaire.)
GEORGETTE. Ah mais! ah mais! prenez garde.
JOHNSON, tout en cherchant. Georgette, mon amour est tout à fait grand seigneur... Outre ma personne...
GEORGETTE. Hein!
JOHNSON. Je te donnerai...
GEORGETTE. V'là qu'il me tutoie...
JOHNSON. Cette bague de diamant... (La faisant chatoyer et l'ôtant pour la déposer sur la table.) Tiens, la voilà.
GEORGETTE, furieuse, cherchant des yeux. Le plumeau! le balai! non, c'est pas assez! (Courant à la cheminée et saisissant l'instrument.) L'écumoir! (Revenant vers Johnson.) Vous vous êtes trompé de numéro... Fichez-moi le camp où je vous écume de ma chambre.
JOHNSON, se redressant Me écumer! Moi! (A part.) L'intimidation! (Grossissant sa voix.) Ah ça, mademoiselle, savez-vous que je suis un Américain du sud! et que je sais prendre une grosse voix et la cravache. (Il frappe la table de sa cravache.)
GEORGETTE. Une cravache et des menaces! Il me prend pour un nègre ou un cheval!
(Au dehors voix de ramoneur.)
Ramonez-ci, ramonez-là
La cheminée du haut en bas.
GEORGETTE, écoutant. Tu vas payer ça aux pauvres. (Prenant la bague et courant à la fenêtre.) Tiens voilà ta bague à des savoyards... (Criant à tue-tête :) Attrapez-la, charabias.
LA VOIX DU RAMONEUR. Merci, mademoiselle!
(Cris de joie : Et youp la catarina!)
GEORGETTE. Le cadeau a passé par la fenêtre!... Toi! (Arrachant sa cravache.) file par la porte ou je te ratisse aussi... du haut en bas... comme une cheminée.
JOHNSON. Ratisse!...
GEORGETTE, écoutant. Oh! mon Dieu! Le pas de Sosthène... S'il le trouve ici, tout à coup... il le tuera et ça retardera notre mariage... (Courant à Johnson qu'elle entraîne vers la porte de gauche.) Cachez-vous... Il vous tuerait...
JOHNSON. Qui?
GEORGETTE. Mon épouseur!... Un jaloux terrible qui vous assommerait à coups de marmite...
JOHNSON, scandalisé Oh! oh! je voulai jamais mourir par la marmite... comme un pot-au-feu...
GEORGETTE, le poussant dans le cabinet... Mais allez donc.
JOHNSON, entrant à reculons et ressaisissant sa cravache. Donnez la cravache.

SCÈNE III
GEORGETTE puis SOSTHÈNE.

Georgette s'est précipitamment remise à travailler à une couronne blanche.

SOSTHÈNE, entrant doucement au fond, à part. Ah! très-bien. On est au travail! (S'avançant.) Bonjour, Georgette.
GEORGETTE, feignant l'étonnement. Ah! M. Sosthène! Mais savez-vous que je vous trouve du front, de venir ainsi me voir avant huit heures du matin.
SOSTHÈNE. Georgette, voilà mon pourquoi. Il y a huit jours que nous sommes affichés.
GEORGETTE. Ça ne vous permet rien encore.
SOSTHÈNE. Ça nous rapproche d'une semaine du jour où définitivement vous serez madame Pitanchard.
GEORGETTE. Après?
SOSTHÈNE. Si bien, qu'étant si proche du point définitif, j'ai voulu vous arriver en sursaut dans votre intérieur, pour que n'ayant pas eu le temps de vous mettre sur le qui-vive... je vois tout, personne et mobilier, dans l'état naturel et habituel.
GEORGETTE. De la douane maintenant!... Eh bien, soit, vu pour l'inspection. Le logement est coupé en deux. Ce côté là, à Rose, où vous n'avez rien à faire... Celui-ci à moi.. Visitez, monsieur le gabelou.
SOSTHÈNE, lui offre le bras et, considérant le petit lit en fer entou-

té de rideaux. La couchette déjà faite, C'est bien! c'est propre. — Ça a de l'œil, une tournure comme il faut.
GEORGETTE, écartant un peu le rideau. Et là, au-dessus, la petite croix avec le brin de buis.
SOSTHÈNE. Total : Literie d'honnête fille.
GEORGETTE. Passons à l'armoire à glace.
SOSTHÈNE, cherchant des yeux. Vous avez une armoire à glace?
GEORGETTE, soulevant le petit miroir accroché contre le placard. Voici la glace. (Ouvrant le placard.) Voilà l'armoire.
SOSTHÈNE, voyant des livraisons sur les rayons. Des livres ?
GEORGETTE. Oh! des quat'sous!
SOSTHÈNE. Voyons le choix.
GEORGETTE. C'est un petit pêt pêle-mêle.
SOSTHÈNE, prenant une brochure. *Les Mille et une Nuits?* Qu'est-ce que c'est que toutes ces nuits-là?
GEORGETTE. Des bêtises!... Des contes turcs.
SOSTHÈNE. Si c'est turc, c'est mauvais, Georgette. Ces gens-là, en fait de mariage, n'ont pas l'ombre d'idée. Trente-six femmes pour un homme! C'est indécent. (Prenant un autre livre.) *Les Crimes Célèbres.*
GEORGETTE. C'est du tribunal. Ça fait frémir de mal tourner.
SOSTHÈNE. C'est pas de ces frémissements-là qu'il vous faut, Georgette. C'est la mauvaise curiosité qui pousse à lire ces bouquins-là. V'là pourquoi les marchands les vendent pour rien! Au lieu de ça, j'aurais mieux aimé trouver quelques bons volumes utiles... La cuisinière bourgeoise... la morale en action... et un petit livre de prières ne m'aurait pas fait peur pour vous...
GEORGETTE, courant en chercher un. En voilà un.
SOSTHÈNE, riant. Plein de poussière!... Passez-moi le plumeau.
GEORGETTE. Mais enfin, il est à moi... tandis que les autres on me les a prêtés.
SOSTHÈNE, vivement. Qui ça?
GEORGETTE. Ça ne vous regarde pas...
SOSTHÈNE. Merci! (Respirant fortement.) Qu'est-ce que ça sent donc?
GEORGETTE, voulant l'éloigner et refermer l'armoire. Ce n'est rien. Deux sous de pommade à la bergamotte, que j'ai là dans du papier.
SOSTHÈNE. Non, ce n'est point de la bergamotte.
(Il fouille dans l'armoire.)
GEORGETTE. Mais finissez donc... Vous allez tout déranger.
(Sosthène découvre et prend une boîte de parfumerie.)
SOSTHÈNE. Mazette! En fait de parfumerie vous êtes montée comme mademoiselle Piver!
GEORGETTE. Ça.. je m'y attendais, à vos gros yeux là-dessus.
SOSTHÈNE, prenant un flacon et lisant l'étiquette. Pommade à la violette de Parme, composée par Pinaud, fournisseur de la reine d'Angleterre.
GEORGETTE lui mettant le pot sous le nez. Sentez! Hein, quelle finesse!
SOSTHÈNE. Et combien ça coûte un pot comme ça?
GEORGETTE. Quatre francs.
SOSTHÈNE. Georgette, la pommade sent bon, mais le prix empeste fièrement. Si beaucoup de gens sont chauves, ça doit être en punition du prix de leur pommade. (Prenant un autre flacon.) Eau de verveine des Indes.
GEORGETTE. C'est pour la toilette. Sentez.
SOSTHÈNE, lisant l'étiquette. Prix : Cinq francs. Et cette topette-là?
GEORGETTE. De la mousseline, pour le mouchoir... le dimanche.
SOSTHÈNE, additionnant. Quatre, neuf, quatorze.
GEORGETTE. Dam! C'est vrai. C'est de la parfumerie des riches... mais aussi on sent comme eux, et j'adore sentir bon et distingué?
SOSTHÈNE. C'est drôle, moi, ça m'infecte tout ça, parce que je suis humilié de penser qu'une de mes journées d'ouvrier ne vaut qu'un pot de pommade ou qu'une fiole d'eau grasse... parce qu'enfin tout ça sent trop chèrement bon pour être chez vous sans... donner des pensées.
GEORGETTE. Des pensées! vilain jaloux. C'est un cadeau.
SOSTHÈNE, vivement. De ceux qui vous ont aussi apporté les mauvais livres.
GEORGETTE, piquée. C'est possible.
SOSTHÈNE, avec emportement. De qui est-ce? où je jette tout par la fenêtre.

SCÈNE IV

LES PRÉCÉDENTS, FLORINE.

FLORINE, entrée sur la dernière réplique. Ne vous gênez pas, M. Sosthène, avec mes cadeaux.

SOSTHÈNE. Ah! c'est vous!
FLORINE. Moi-même.
SOSTHÈNE. Vous allez tout remporter.
FLORINE. Monsieur préfère pour mademoiselle la moelle de bœuf et le vinaigre de Bully.
SOSTHÈNE. Probablement.
FLORINE à GEORGETTE. Et c'est dans huit jours qu'on passe madame Pitanchard.
GEORGETTE. Je m'en passerais bien.
SOSTHÈNE, avec fierté. Georgette, pas d'humiliation devant cette fille-là.
FLORINE. Ah ça! dites donc, sieur Pitanchard, pas de familiarité, s'il vous plaît.
(Sosthène la regarde, tire un mouchoir à carreaux bleus de sa poche, l'étend à terre, court prendre dans le placard la parfumerie et les livraisons, les met en tas, lie le tout, et présentant le paquet à Florine.)
SOSTHÈNE. Vos pommades et vos bouquins. Prenez et filez !
FLORINE. Vous dites...
GEORGETTE. Sosthène.
SOSTHÈNE, à Georgette. Silence. (Désignant Florine.) Elle se tait, ne sachant par quel bout se défendre. (Allant décrocher la petite glace et la présentant à Florine.) Mais regardez-vous donc dans vot'chapeau et vot'attirail, et vous verrez que vous êtes aussi déplacée dans cette mansarde que ces pots dorés l'étaient dans le placard. Voilà pourquoi je vous mets tous à la porte, l'un portant l'autre. — Car faut pas être finaud pour dépister le jeu de vos visites précédées de ces livres et de ces fioles... — Après avoir fourré le nez dans la mauvaise lecture... on le fourre dans le mauvais flacon... et au sortir des deux, quand on regarde autour de soi, on se sent écœuré d'être... à un cinquième, lambrissé, maigrement meublé, devant une table à ouvrage. (A Georgette.) C'est ce qui lui fait peur.
FLORINE, avec une pirouette. Mon p'tit, tout ça c'est des phrases !
SOSTHÈNE. Pour vous, je le sais. (Désignant Georgette.) Pour elle, pas encore! (Allant à Georgette, avec vivacité.) Georgette, tu l'as entendue, ce mot-là : Tout ça c'est des phrases! — Si cette fille, il y a un an, était ta camarade d'atelier, modeste et travailleuse comme tu l'es restée. — Si, à cette époque, on était venu, tout à coup, lui présenter cette même robe de soie, ce chapeau, ce mantelet, en lui disant à l'oreille ce que ça coûte... — Un soufflet, bien sûr, eût été la réponse! — Maintenant ce serait un sourire en accroche-cœur!
FLORINE. Eh bien, dites donc...
SOSTHÈNE, méprisant. Oui, ce serait un sourire, mamselle, vous, qui m'entendiez dire du bien des journées d'honnêtes femmes, croyez de me répondre : Des phrases! (Lui tendant son paquet.) Vilain soldat, remportez votre poudre. Nous ne sommes pas de la même compagnie. Par file à gauche, marche!
FLORINE, furieuse, regarde Georgette résignée muette, saisit le paquet, va le jeter par la fenêtre, et allant vers la porte, à Sosthène. Vous! en fait de pommade, vous ne devez vous frotter que de graisse d'ours mal léché.
(Elle sort.)

SCÈNE V

SOSTHÈNE, GEORGETTE.

SOSTHÈNE. Elle n'y reviendra plus.
GEORGETTE, après une pause. Eh bien là... Tu as eu raison, Sosthène. Embrasse-moi.
SOSTHÈNE, l'embrassant. Du satin, du satin! (La contemplant) et du vertueux satin ! — Je suis enchanté de ma visite. — Toute la contrebande est partie, et j'ai une si terrible envie de rester que voilà le moment de me sauver.
GEORGETTE, l'arrêtant. Un instant. Tu as commencé le balayage. Je vais l'achever sous tes yeux (A mi-voix) en mettant à la porte un monsieur, qu'à ton entrée, j'ai fait passer là.
(Désignant la porte du cabinet.)
SOSTHÈNE. Un monsieur !
GEORGETTE. Et nous allons voir le défilé.
(Sosthène regarde Georgette.)
GEORGETTE. Qu'est-ce que tu regardes? — Je t'avertis que si tu as l'ombre d'un soupçon je te plante-là pour coiffer sainte Catherine à perpétuité...
SOSTHÈNE. Eh bien, oui, je te crois, mon bijou. (Désignant la porte en faisant mine de retrousser ses manches. Mais pour celui-là.
GEORGETTE. Celui-là, tu vas le regarder passer en restant tranquillement assis. (Elle le fait asseoir.) Et en riant à gorge déployée comme rirait un richard devant le voleur qui n'a pas pu le voler.
SOSTHÈNE. Georgette, tu as raison. Ça lui sera encore plus démolissant que d'être assommé.

GEORGETTE. Y es-tu ?
SOSTHÈNE, s'asseyant sur une chaise entre les jambes. Oui.
GEORGETTE, va à la porte du cabinet et l'ouvrant. Milord, donnez-vous donc la peine de sortir.
(Johnson paraît, armé d'une chaise. Sosthène et Georgette partent ensemble d'un retentissant éclat de rire.)
SOSTHÈNE, pouffant. Ah ! c'est l'Anglais !
GEORGETTE. Qui venait séduire la jeune France.
JOHNSON, à part. Pour l'honneur de l'Amérique, laissons, pour cette fois, croire que je suis un Anglais.
SOSTHÈNE, riant. Qu'est-ce qu'il marmotte ?
GEORGETTE, ratissant son doigt, en chantant.

Et allez donc !
Et allez donc !
Avec vot'air si bête !...

(Johnson, ahuri et comme redoutant une attaque, opère sa retraite à reculons, toujours la chaise en avant.)
SOSTHÈNE, quand il le voit sur le seuil de la porte, lui crie de sa chaise. Pour la première fois, on vous administre des éclats de rire... La seconde fois, ce sera la savate.
JOHNSON. Savate ?
(Il tire son dictionnaire et disparaît.)

SCÈNE VI
SOSTHÈNE, GEORGETTE.

GEORGETTE, riant aux éclats. Il cherche dans l'escalier ce que veut dire savate ! (Au dehors la voix de Johnson scandalisé : Vieux soulier !)
SOSTHÈNE, riant. Que le dictionnaire lui donne la règle. (Avec geste.) Je me charge de l'application.
(L'heure sonne.)
Bigre ! L'heure de l'atelier. Achève de figueler ta couronne blanche et je me sauve. (Au fond se retournant.) Georgette, un baiser ? (Geste négatif de Georgette.) De loin ! (Georgette l'envoie. — Sur le seuil.) Huit jours. Encore huit jours !
(Il sort.)
(Georgette court à la porte, le suit des yeux et lui envoie des baisers à deux mains.)
(Musique à l'orchestre jouant l'air de la chanson de Georgette et le rideau se relève aussitôt.)

ACTE QUATRIÈME
Cinquième Tableau
Même décor que précédemment.

SCÈNE PREMIÈRE

GEORGETTE, à sa table de travail, occupée à monter une fleur. Cette pauvre Rose avec ses idées de messieurs. J'aurais bien aimé qu'elle fût là quand Sosthène a reçu Florine. Sosthène, voilà de l'honnête solide pour moi ! Allons ! Vivent le travail et la chanson.

(Chantant.)
Air : De M. Blangy.
I.
Au sortir d'un beau rêve,
Souriant au matin,
L'ouvrière se lève
Le teint frais, l'œil mutin,

(Regardant la fleur qu'elle monte.)
Jolie petite rose !
(Reprenant le chant.)
Elle fait sa toilette,
Sourit à son miroir ;
Sage et pourtant coquette,
Prend plaisir à s'y voir.

(Portant la rose à sa tête.) Ça doit bien faire dans les cheveux.
(Chantant.)
Puis pleine du courage,
Qui inspire le devoir,
Chantant durant l'ouvrage,
Travaille jusqu'au soir.

Comme dit Sosthène : Bien travailler toute la semaine, pour grossir la paie du samedi !
(Chantant.)
II.
Le dimanche, c'est fête,
Jour qui porte bonheur,
Où tout bas on souhaite
Trouver un épouseur.

Bientôt, il se présente,
C'est un brave ouvrier,
A l'œil franc, l'âme aimante,
Habile en son métier.
Que faut-il davantage,
Pour s'adorer tout deux ?
Vite un bon mariage,
On s'aime, on est heureux !

C'est drôle ! Jamais, autant que ce matin, je n'ai fait attention à Sosthène. Mais c'est qu'il est très-bien, mon épouseur.
(Chantant.)
III.
S'il vient de la famille,
Cœurs et berceau sont là,
Fils ou petite fille,
On vous adorera !...
Et les enfants grandissant,
Élevés pour le bien,
Et les parents vieillissant,
Assurés d'un soutien !
Car les vertus solides,
Qu'on donne à ses enfants,
C'est l'hôtel d'Invalides,
Des vieux jours des parents !

(Rose entre, au fond.)

SCÈNE II
GEORGETTE, ROSE.

ROSE, pâle et triste. Tu chantes, Georgette ?
GEORGETTE. Comme Jenny l'ouvrière.
ROSE. Au cœur content de peu.
GEORGETTE. Dam ! Faut mesurer sa faim, Rose, sur ce qu'on a à manger.
ROSE. Georgette, dis-moi, est-ce que dans les journaux tu n'as jamais lu que d'honnêtes hommes riches...
GEORGETTE. Épousaient de pauvres ouvrières ?... Jamais...
ROSE. Moi, je l'ai lu. (Elle tire un journal de sa poche, cherche précipitamment le passage et le désignant.) Regarde, là.
GEORGETTE. Ma pauvre Rose !... Mais de ce qu'on le mette dans le journal, ça prouve justement que c'est si extraordinaire qu'on veut que toute la France le sache et s'en étonne.
(Rose tressaille et va silencieusement s'asseoir à la table de travail, achever une couronne de fleur d'oranger.)
GEORGETTE, après un temps. Je ne suis donc plus ta petite amie Georgette ?
ROSE, vivement. Qu'est-ce qui te le fait penser ?
GEORGETTE. Tu souffres et tu gardes tout pour toi...
ROSE. Oh ! oui, j'ai tort..
GEORGETTE. C'est ça, je veux ma grosse portion... D'autant plus que je me doute bien... (Rose la regarde.) Je ne t'en voudrai pas... Le cœur, vois-tu, j'ai idée que c'est comme les ballons... difficile à diriger ! Seulement, dis-moi tout...! pour que nous soyons deux, au gouvernail.
ROSE. Ma bonne Georgette...
(Elle s'arrête.)
GEORGETTE. Eh bien, je vais te mettre les points sur les i... Tu souffres, parce que tu dois épouser M. André et que tu aimes...
ROSE. Eh bien oui... André m'aime et moi aussi je croyais l'aimer... et tous... sa famille et moi, nous nous bâtissions du bonheur dans l'avenir... mais depuis cette chute d'André...
GEORGETTE. Et l'arrivée de ce monsieur.
ROSE. Depuis... je souffre... parce que j'ai compris qu'André n'était pour moi qu'un ami... J'ai voulu résister, me répéter : Malheur à l'ouvrière ambitieuse !... Rien ne détournait ce je ne sais quoi qui m'a changée et qui me donne, en même temps, de la douleur et de la joie.
GEORGETTE. Ma pauvre Rose !
ROSE. Oui, pauvre Rose ! surtout depuis hier...
GEORGETTE. Ah oui ! cette promenade de Vincennes...
ROSE. Leur a tout appris... (La main sur le cœur.) Ah ! j'en deviendrai folle !...
GEORGETTE. Voyons, ne dis pas de ces choses là qui te font le cœur gros... Tu es déjà sujette aux palpitations. Hein ? Voilà que ça te reprend. Je vais te faire un canard à l'eau de mélisse...
ROSE. Oui, ma bonne Georgette, j'ai tort... Je ne veux, je ne dois penser qu'à André et à sa mère... Oui... oui...
GEORGETTE, tout en préparant le canard. Bien, Rose, tiens bon. Tu verras que le cœur te reviendra content. Moi aussi, un instant, je me suis fait des imaginations d'une vie à falbalas, au bras d'un fashionable... Des bêtises ! on peut

être très-heureuse sans ça... Faut seulement se raisonner et vouloir. (Lui présentant le canard.) Avale-moi ça...
ROSE. Merci.
GEORGETTE. Au fond, tu aimes André, comme j'aime Sosthène... La preuve c'est que ta couronne de noce que tu viens de finir est un chef-d'œuvre...
ROSE, tressaillant. Tais-toi, Georgette !
GEORGETTE. Tu ne l'aurais pas réussie comme ça, si tu avais boudé au mariage qu'elle couronnera.
ROSE, avec l'exaltation du remords. Georgette, pour pouvoir la faire belle !... il m'a fallu penser à l'autre !...
GEORGETTE. Ah ! pauvre André !...
ROSE. Oui, pauvre André ! J'en ferai une seconde... Me marier avec celle-là...
GEORGETTE. Porterait malheur !... Commence vite celle d'André... Tiens, voilà d'autres fleurs... On frappe ? Entrez !

SCÈNE III

ROSE, GEORGETTE, MADAME DESCHAMPS, LA MACÈRE,

ROSE et GEORGETTE, avec joie. Madame Deschamps !
(Elles courent à elle. Entre La Macère. Les jeunes filles reculent et regardent madame Deschamps comme pour avoir l'explication de la venue de cette femme étrange, grande, maigre, sèche, vêtue d'un deuil râpé, et portant un grand cabas noir.)
MADAME DESCHAMPS, agitation contenue. Mes enfants, j'ai prié madame de m'accompagner chez Rose... (Se reprenant.) chez vous...
GEORGETTE, présentant une chaise à La Macère. Asseyez-vous, madame. (A madame Deschamps.) Ma bonne madame Deschamps, si c'est à Rose seule que vous désirez parler ?... ne vous gênez pas, je m'en vais.
MADAME DESCHAMPS, après une pause. Non, reste, Georgette... Ce que j'ai à dire sera bon pour toutes les deux. (A la Macère.) Et vous me donnerez raison tant que vous pourrez, n'est-ce pas, madame ?... Ce sera une grande bonne action.
LA MACÈRE, sèche. Je demande pas mieux...
(Les jeunes filles regardent La Macère avec crainte.)
ROSE, bas à Georgette. Connais-tu cette femme ?
GEORGETTE. Non.
ROSE. Elle me fait peur !
GEORGETTE. Et à moi donc !
MADAME DESCHAMPS. Rose, tu le sais, je n'ai qu'un enfant : André, je n'ai qu'un appui pour mes vieux jours, André ! Je n'ai qu'un amour au cœur : André !
ROSE. Et il en est bien digne, ma chère madame Deschamps...
MADAME DESCHAMPS. Tu devines, Rose, que c'est à cause de lui que je suis venue. (Mouvement de Rose.) Tu partages avec moi tout le cœur de mon fils,... peut-être même que ta part est encore plus grande que la mienne. Je n'en suis pas jalouse, Rose, non, mais inquiète !... Rose, la pensée qu'il a perdu ta tendresse tuera André...
ROSE. Madame Deschamps...
MADAME DESCHAMPS. Et tu ne le voudras pas... toi qui m'aimes !... Sa mort serait la mienne.
ROSE. Madame Deschamps... dites... parlez... Je suis résolue à tout !...
MADAME DESCHAMPS. A tout ! Oui, je te connais généreuse à épouser mon fils, le cœur plein d'un autre !... Mais voilà ce que je ne veux pas !... Je veux que tu deviennes ce que tu étais autrefois pour mon André... Et sais-tu ce qui va produire ça en toi ? (Bas et désignant La Macère immobile.) C'est cette femme...
ROSE et GEORGETTE, avec frayeur. Cette femme !
MADAME DESCHAMPS. Oui, regardez-la bien, elle est effrayante ! Quand dimanche, je l'ai vue à Vincennes... près de vous... j'ai jeté un cri de frayeur en la reconnaissant...
ROSE. Vous la connaissez ?
MADAME DESCHAMPS. Et pourtant je suis allée vous la chercher.
LA MACÈRE, sèche. Pardon, excuse, madame, Mais vous savez, je suis un peu pressée... J'ai le cabas plein de fournitures.
ROSE à part. Mais, qui est donc cette femme ?
MADAME DESCHAMPS. Il y a vingt ans, j'avais une amie de votre âge... C'était, comme vous, une ouvrière sage, économe et jolie... Comme vous, elle était promise à un brave jeune homme, gagnant de belles journées. — Les jeunes gens s'aimaient, et tout prédisait bonheur. — Tout à coup la pauvre enfant devint pensive et triste. Elle aussi, sur son chemin, avait rencontré un monsieur, et, la veille du mariage avec le brave homme... elle s'enfuit avec le misérable !... — Elle resta absente un an, laissant derrière elle, au désespoir, son père, sa mère et le pauvre garçon qui l'aimait toujours et quand même ! — Au bout de douze mois nous la retrouvions. (Courant à la Macère.) Madame, dites-leur où nous l'avons retrouvée !
LA MACÈRE. A la Morgue.
ROSE et GEORGETTE. Ah !
LA MACÈRE. C'est moi qui l'ai déshabillée et étendue sur la dalle. Une belle fille, ma foi ! — Elle avait une robe en soie que j'ai longtemps portée.
MADAME DESCHAMPS. Et qu'avait-elle dans sa poche ?
LA MACÈRE. Une lettre dans une boîte... fermée contre l'eau.
MADAME DESCHAMPS. Une lettre, que j'ai gardée. (La tendant à Rose.) Lis, Rose, lis haut.
ROSE, lisant. « Que celui qui m'a perdue... soit maudit et » que ma mort devienne un exemple qui en préserve d'au- » tres ! Priez pour moi. »
(Rose tremblante laisse tomber la lettre.)
MADAME DESCHAMPS, la ramassant. Maintenant, lisez l'adresse que la morte a mise sur cette lettre...
ROSE lisant. « A toutes les ouvrières. »
MADAME DESCHAMPS. Vous entendez... qu'elle était pour vous.
LA MACÈRE. C'était une drôle d'idée. Aussi les Gazettes et le *Petit Journal* ont donné la lettre dans leurs faits divers... Seulement faut croire que ça n'a guère profité... car ces pauvres filles se succèdent pas mal... Les unes... c'est le réchaud, les autres la noyade. Mon mari et moi nous aimons mieux que ce soit le charbon... car comme les z'hardes nous restent... L'eau ça gâte les effets, on ne se figure pas !...
MADAME DESCHAMPS. Et vous dites que les victimes sont toujours nombreuses ?
LA MACÈRE. Bon an, mal an... 200 à 250 noyés, 150 asphyxiés... Une quarantaine se jettent par les fenêtres. On se jette peu. Je ne parle pas de ceux qui se débarrassent eux-mêmes. — Avec les assassinés... Vous savez, le premier rang... ça monterait bien plus haut... Je sais tout ça par le registre du greffe. Nous sommes bien avec l'employé. — Maintenant tout ça regarde la Morgue, où l'on amène les morts violentes sur inconnus, soit par eux-mêmes, soit par les malfaiteurs. — Ah ! mais si on faisait l'addition des jeunes cadavres d'hôpitaux !... pour cause de chagrin... ce serait bien autre chose !... — Nos dalles... c'est de la gnognote auprès des marbres de l'École pratique... comme ils disent.
ROSE et GEORGETTE, avec terreur sans comprendre. L'École pratique ?
LA MACÈRE, souriant. Ah dam ! naturellement vous ne savez pas ce que c'est !... — C'est là que messieurs les apprentis médecins étudient, et, comme ils y a toujours plus de jeunes sujets que de vieux... ce sont les jeunes qui encombrent... Et vous ne savez pas ? bon nombre de celles-là aussi me passent par les mains.
ROSE et GEORGETTE. A vous ?
LA MACÈRE. Dam ! j'vas vous dire... outre ma Morgue... j'suis employée chez un marchand de squelettes.
LES JEUNES FILLES. De squelettes !
LA MACÈRE, souriant. Vous ne saviez pas qu'on en vendait ! Mais oui, le commerce touche à tout !... — C'est pour les cabinets de médecine et d'amateurs... — 2, rue de l'École de Médecine. (Se fouillant.) A preuve que je crois bien que j'ai des caries. J'travaille à la pièce, moi, au polissage. (Agitant son cabas noir.) Et je porte en ville la livraison et les factures... — Non, pas de cartes.
GEORGETTE, balbutiant. Mais... on n'enterre donc pas tout le monde ?...
LA MACÈRE. Dam ! ceux qui n'ont pas le moyen ! Et puis savez-vous, faut que la science marche. On apprend toujours mieux sur du naturel... que dans les livres ou sur des mannequins... — Seulement, pour vous finir, d'après ceux qui s'y connaissent, un bon nombre des filles mortes... ça leur vient des misères du cœur. Des amours manquées, quoi ! Faites-y attention, mes filles... — L'amour des messieurs fournit la Morgue et l'Amphithéâtre.
ROSE. La Morgue et l'Amphithéâtre.
LA MACÈRE, regardant l'heure à une vieille grosse montre en argent. Sur ce, mesdames, j' suis votre servante. J'ai un rendez-vous à l'Hôtel-Dieu, un hôpital qui donne et me connaît.
(Elle sort.)

SCÈNE IV

MADAME DESCHAMPS, ROSE, GEORGETTE.

Les jeunes filles restent immobiles de terreur; madame Deschamps les regarde.

GEORGETTE, après une pause. Mais, j'en ai un tremblement général de cette visiteuse-là !... — Mais le premier chapeau qui m'accoste, je lui crève les yeux !

ROSE, anxieuse. Madame Deschamps, pourquoi avez-vous amené cette femme ici?

MADAME DESCHAMPS. Pour vous sauver par la terreur. J'aurais eu beau parler, moi. Cette femme valait mieux, et je suis allée vous la chercher.

ROSE. Mais je serais donc menacée de ce dont a parlé cette femme?

MADAME DESCHAMPS, avec emportement. Tu en doutes? (Lui tendant la lettre.) Tu n'as donc pas lu l'adresse : A toutes les ouvrières? La suicidée n'en exceptait aucune, et toi, Rose, tu dois l'écouter deux fois, parce que c'était ta mère!

ROSE. Ma mère!

GEORGETTE. Sa mère!

MADAME DESCHAMPS. Que j'ai reconnue, réclamée et fait enterrer!... Je voulais te le cacher. Tu m'as forcée de te le dire.

(Rose, en proie à une immense, émotion relit en tremblant la lettre.)

GEORGETTE. Pauvre Rose!

ROSE à MADAME DESCHAMPS. Cette lettre est à moi maintenant! (L'embrassant en sanglotant.) Ma mère! ma mère! Je n'avais que quelques mois alors, je ne pouvais pas l'arrêter! (Courant à madame Deschamps.) C'est son âme qui veille sur moi et qui vous a envoyée m'apporter cette lettre!... Madame Deschamps, j'ai peur de moi!... Que faut-il que je fasse?

MADAME DESCHAMPS. Chasser la pensée de cet autre... et pour ça, viens chez nous.

ROSE. Oui, vous avez raison, madame Deschamps. Ce soir, je serai chez vous, et quand je me troublerai, vous m'aiderez et nous serons les plus fortes... Allez dire à André que je l'aime et que je l'attends. Ah! vous êtes venue, à temps! (Se jetant dans ses bras.) Ma seconde mère.

MADAME DESCHAMPS. Rose! Rose!

ROSE, Allez et revenez vite.

MADAME DESCHAMPS. N'aie pas peur. (A Rose.) A ce soir. Tu verras comme on dîne et comme on dort bien chez les honnêtes gens qui vous aiment!... Viens avec moi, Georgette... (A Rose.) A tout à l'heure. (Près de sortir.) Ah! pourvu qu'André n'en devienne pas fou de joie!...

(Elle sort avec Georgette.)

SCÈNE V

ROSE, après un long temps. Le cœur me bat! Ma tête brûle, Il me semble que c'est en ce moment le plus grand instant de ma vie! Je ne sais pas ce que j'éprouve! Est-ce de la crainte, de la haine, de la tendresse? C'est tout cela peut-être?... Je ne sais pas... J'ai peur! — Madame Deschamps et Georgette ont eu tort de me laisser seule! — Je ne veux pas que toutes les deux me quittent!... (Elle court vers la porte du fond, comme pour appeler.) Georgette! (Rentrant, avec terreur.) Ah! qui ai-je vu dans l'escalier? Non ! c'est impossible!... Si pourtant c'était lui !.. Sois forte, Rose! Ai-je la lettre de ma mère? Oui...(Elle regarde, anxieuse, vers la direction de la porte. — Bas.) On a frappé!... Je n'ose pas dire d'entrer.

SCÈNE VI

ROSE, SAVIGNY.

ROSE, à part. Lui !

SAVIGNY, à part. Seule !

(Il s'avance vers elle... Rose, immobile, attend.)

SAVIGNY, après un temps et avec une certaine solennité. Mademoiselle Rose... vous excuserez ma visite... lorsque vous en connaîtrez le but... — Mademoiselle Rose, je vous aime. (Tressaillement de Rose.) Voulez-vous m'accepter pour mari?

ROSE, au comble de la surprise, ne pouvant pas en avant... et pour elle, après une longue pause anxieuse. Il vient me demander en mariage... Lui ! Moi !... Mon cœur bondit... et je crois que c'est du bonheur ! (Se reprenant.) Non ! c'est de crainte peut-être !

(Elle se retourne et regarde Savigny.)

SAVIGNY. Mademoiselle Rose, je ne mérite pas le regard de méfiance que vous venez de m'adresser.

ROSE, balbutiant. Excusez-moi... monsieur!... La surprise... — Non... c'est impossible... J'ai mal entendu...

SAVIGNY, émotion savante. Rose, ayez confiance en moi, et si ma demande vous est chère, oh ! dites-le moi ! dites-le moi !

ROSE. Que puis-je vous dire?... puisque je n'y crois pas...

SAVIGNY. Je vais donc vous la répéter, cette prière... — Mademoiselle Rose... je vous aime et je demande votre main.

ROSE, avec angoisse et joie. Il l'a répété... et je le crois... Ah! monsieur, si ces deux pauvres chers amis, André et sa mère, n'étaient pas entre nous... Oh oui ! votre demande...

(Elle s'arrête.)

SAVIGNY. Rose, vous m'aimez?...

ROSE. Vous le savez bien...

SAVIGNY. Alors, Rose, vous partagerez mon nom... André ne doit pas, ne peut plus être un obstacle... Le mariage où un seul aime est un supplice pour les deux !... Accepter André à contre-cœur, c'est le condamner, lui et sa mère, à la douleur qui m'a fait vous conseiller. Écoutez-moi... par amour pour eux-mêmes... au nom de votre avenir que vous ne devez pas flétrir... au nom du mien que je vous supplie à genoux de ne pas désespérer!...

ROSE. Mais ils vont venir me chercher...

SAVIGNY, se levant. Rose, avez vous toute confiance en mon amour?

ROSE. Oh ! oui...

SAVIGNY. En mon honneur?

ROSE. Oui !...

SAVIGNY. Alors, suivez-moi...

ROSE. Vous suivre !

SAVIGNY. Puisque vous m'aimez,... puisque vous m'acceptez pour mari... puisque cette famille va venir et que vous ne pouvez plus y entrer !... Venez, Rose... et dans quinze jours, vous porterez mon nom...

ROSE, à part. Ah ! que faire? Que faire? Est-ce le salut ou la perte? (Avec exclamation.) Ah ! je vais le savoir ! (Tendant la lettre do sa mère.) Monsieur, lisez cette lettre...

SAVIGNY, lisant. « Que celui qui m'a perdue soit maudit et que ma mort devienne un exemple qui en préserve d'autres !... Priez pour moi... »

(Il regarde Rose.)

ROSE. C'est ma mère qui a écrit cela...

SAVIGNY. Votre mère?...

ROSE. Qui s'est tuée de désespoir d'avoir été trompée... Je ferais comme elle...

SAVIGNY, après une pause. Rose, si je vous mentais, je pâlirais et reculerais devant cette lettre...

ROSE. C'est pour cela que je vous l'ai montrée...

SAVIGNY. Ai-je pâli ou tressailli ?

ROSE. Non.

SAVIGNY. Rose, au nom de votre mère, acceptez cette couronne.

(Il lui place sur le front la couronne d'oranger déposée sur la table.)

ROSE, comme se souvenant, avec ivresse. Il m'a mis sur le front cette couronne qui fait des miracles! — Oui, oui, je crois en lui! (Allant à Savigny.) Je crois en vous...

SAVIGNY, à part, Enfin !

ACTE CINQUIÈME

Sixième Tableau

En Italie, aux environs de Naples. Dans une villa chez de Savigny. — Charmant salon d'été. — Terrasse, au fond, découvrant un paysage italien. — Portes au fond, à droite et à gauche.

SCÈNE PREMIÈRE

BEPPO entre à droite, avec un gros bouquet d'œillets. JULIA, à gauche, avec un bouquet de roses.

BEPPO. Pour qui ce bouquet de roses, Julia?

JULIA. Pour monsieur. Et ton bouquet d'œillets?

BEPPO. De la part de madame.

JULIA, tout en disposant son bouquet dans un vase. En voilà une qui est aux petits soins!

BEPPO, même jeu. Qui veut la fin prend les moyens.

JULIA. Qu'est-ce que tu veux dire par là, Beppo?

BEPPO. Que madame, pour rire, est une demoiselle qui veut passer madame pour de bon.

JULIA. Tu crois... Beppo...

BEPPO. De moins rusés que moi l'auraient vu, — Voilà six mois que monsieur a loué cette villa, et jamais madame n'a écrit ni reçu une lettre. — C'est louche. Elle est en adoration inquiète de monsieur. — C'est louche. Elle est d'une trop grande, trop grande politesse pour nous. C'est louche. Quand on nous a engagés, moi pour domestique de monsieur, toi pour femme de chambre de madame... monsieur a eu la maladresse de nous prescrire à tous les deux, à part, les plus grands égards pour madame.

JULIA. C'est vrai. Pourtant madame est bien distinguée...

BEPPO. Je ne te dis pas qu'elle n'a point de qualités... Je

crois même qu'elle en a beaucoup plus que bien de véritables dames, solidement mariées... mais enfin, je suis certain qu'elle ne l'est pas... et que ça la tracasse. D'ailleurs, la situation va se dessiner...
JULIA. Comment ça?
BEPPO. Hier, à l'insu de monsieur, j'ai conduit madame, en voiture, à Naples, où elle est allée commander des effets d'enfant... et un berceau...
JULIA. Ah!
BEPPO. Je crois qu'elle ménage cette surprise à monsieur. A l'arrivée des paquets, nous serons fixés.
JULIA. Comment ça?
BEPPO. Devant un berceau, les pères mariés sourient, les autres font la grimace.
JULIA. Voilà bien les hommes!
BEPPO. C'est tout naturel. Une maîtresse est une femme d'agrément. Si elle sort de là, elle est perdue. Un enfant, c'est moral, c'est respectable, c'est bien accueilli dans le mariage, mais dans autre chose... c'est un superflu inattendu, embarrassant... un arrivant auquel on cherche toujours chicane, soit le père, soit la mère, soit même tous les deux... et souvent on finit par en faire un enfant trouvé...
JULIA. Pauvre petit!
BEPPO. Oui, souvent les petits paient pour les grands.
JULIA. Mais dis donc, Beppo, moi qui suis la femme véritable, tout en étant la domestique de cette dame-là, ici, je suis pourtant plus qu'elle, du moment que...
BEPPO. C'est positif...
JULIA. Ah! mais oui, c'est positif...

SCÈNE II

LES PRÉCÉDENTS, ROSE, en toilette d'élégante simplicité. Elle porte un dessin encadré.

ROSE. Vous avez placé les fleurs? Bien. Maintenant, mon bon Beppo, ayez la bonté d'accrocher ici ce dessin...
BEPPO, obéissant. Très-bien, madame.
ROSE. Vous, ma bonne Julia, n'est-ce pas que vous nous ferez, pour dessert, au dîner, un de ces gâteaux napolitains que monsieur a trouvés délicieux?
JULIA. Oui, madame.
ROSE. Quand monsieur rentrera, avertissez-le que je suis ici.
JULIA. Oui, madame. (Beppo et Julia remontent.)
ROSE, les rappelant. Ah! j'attends divers objets de Naples... Quand on viendra, ayez la bonté de m'avertir.
BEPPO, à part. Le berceau. (Haut.) Oui, madame. (Bas à Julia.) On aura la bonté. (Haussant les épaules en sortant.) Trop poli! Trop poli!

(Ils sortent.)

SCÈNE III

ROSE, seule. Elle semble inspecter des yeux la chambre, met encore en place quelques objets, comme pour tout rendre irréprochable. Chaque fois que Georges s'absente, il trouve, en rentrant dans sa chambre, les fleurs qu'il aime et un nouveau cadeau de surprise... Aujourd'hui, ce sera ce paysage qu'il admirait la semaine dernière. Je suis allée le copier. — Depuis ces six mois, je me suis mise au dessin, à la musique, à la lecture... Bientôt Georges pourra me présenter aux plus difficiles!... (S'arrêtant tout à coup.) Ah! l'horrible pensée qui vient de me traverser l'âme... est un mensonge! — Elle me disait cette pensée, que tout ce que je tenterais... resterait inutile, pour ma punition, pour venger André! — Non, ce n'est pas possible! Car enfin, tout cela je ne le fais que pour conquérir ma place d'honnête femme... Et maintenant plus que jamais, j'espère... je dois espérer! Cet enfant qui, dans un avenir prochain, l'appellera son père, est le bonheur qu'attendait sans doute mon Georges pour s'affranchir de tout obstacle...; et m'appeler, haut, partout et devant tous : Sa femme! (Lentement, avec bonheur.) Sa femme! (Tombant à genoux.) Mon Dieu qui pouvez tout, accordez-moi cela, au nom de cet innocent dont je veux la naissance sans reproche, entourée du respect de tous et du sourire de vos anges gardiens. Mon Dieu, entendez ma prière. Elle est sainte, elle est juste. C'est l'honneur d'un enfant et de sa mère que je vous demande.

(Après une pause.)

Cette pensée me revient, comme un pressentiment! (Avec terreur.) Non... non... tu mens... (Avec larmes.) Tu mens!...

SCÈNE IV

ROSE, SAVIGNY.

SAVIGNY. Vous pleurez, Rose?...

ROSE. George! (Essuyant vivement ses larmes.) Non... non... ce n'est rien... Une pensée, un nuage!...
SAVIGNY. Lequel?
ROSE, souriant. Je ne sais plus,... depuis que tu es là... (Le conduisant devant le dessin.) Regarde.
SAVIGNY. Charmant.
ROSE. Et les fleurs?
SAVIGNY. Un parfum.
ROSE. Et puis... Écoute.

(Elle court se mettre au piano et joue un petit motif.)

SAVIGNY. Bravo! Mais c'est merveilleux... après quatre-vingts leçons.
ROSE. Soixante-dix. Je n'ai pas fait une fausse note, n'est-ce pas?
SAVIGNY. Pas une...
ROSE. Oh! quel bonheur! Et tu vois qu'il y a des passages difficiles... Il y a là toute une mesure en triples-croches!
SAVIGNY. Je l'ai bien remarquée...
ROSE. Mon italien va très-bien... J'ai, ce matin, traduit deux pages, sans dictionnaire.
SAVIGNY. Parfait.
ROSE. Dans la lettre que je t'ai écrite hier,... combien de fautes de participes?
SAVIGNY. Pas une seule...
ROSE. On ne peut pas en avoir moins!
SAVIGNY. Impossible...
ROSE, la lui montrant. Et ma tapisserie?
SAVIGNY, lui embrassant les mains. Des doigts de fée.
ROSE, le désignant. Quand je ne suis pas là... est-ce que tu regardes souvent mon portrait?
SAVIGNY. Très-souvent.
ROSE. Ah! Alors comme cela... tu es content de moi?...
SAVIGNY. Enchanté.
ROSE. Eh bien, ça ne me suffit pas encore. Je veux que tu sois fier de moi...
SAVIGNY. Du train dont tu y vas...
ROSE. J'y arriverai, n'est-ce pas? Et bientôt! Si bien qu'alors... lorsque tu me compareras à n'importe quelle femme... ce sera la tienne qui l'emportera... (A part, avec émotion.) Ah! encore cette pensée qui me saisit! (Haut.) Et alors, quand tu seras certain que je suis l'égale des plus distinguées, des plus dévouées... alors... George, achève ce que je veux te dire, achève-le...
SAVIGNY. Rose... je n'ai rien oublié de ce que je t'ai promis, et les obstacles ne sont pas venus de mon côté.
ROSE. Oh! je le sais.
SAVIGNY. Mon oncle, M. de Charlieu, en apprenant mon amour et notre départ, m'a écrit que notre mariage serait ma rupture avec notre famille et ma renonciation à un héritage qui, dans l'avenir, est seule ressource de fortune... Je t'ai soumis cette situation inattendue... et toi-même tu as consenti...
ROSE. Oui... oui... Au jour de ta liberté, tu m'as promis, tu m'as juré que je serais ta femme.
SAVIGNY. Oui... Rose.
ROSE. Tu m'aimes toujours?
SAVIGNY, l'embrassant. Oui, enfant...
ROSE. Et tu m'aimes... avec la plus grande estime?
SAVIGNY. Oui.
ROSE. Comme on aime celle qu'on a épousée devant Dieu et la loi?
SAVIGNY. Oui, Rose...
ROSE, heureuse. Ah! Il dit toujours oui! Comme on aime, n'est-ce pas, la jeune femme, mère de vos enfants?
SAVIGNY, la regardant. Pourquoi le demandes-tu?
ROSE, instamment. Comme on aime la mère de vos enfants, Georges, réponds-moi vite.
SAVIGNY. Oui, Rose...
ROSE. Ah! Georges, merci! car tu vas donc m'aimer deux fois davantage...
SAVIGNY, tressaillant. Rose!
ROSE, le regardant. George! C'est de bonheur que tu viens de tressaillir... n'est-ce pas? C'est de bonheur?
SAVIGNY, avec contrainte. Oui... Rose...
ROSE, avec ivresse, à part. Ah! je savais bien que cette pensée noire mentait!

SCÈNE V.

LES PRÉCÉDENTES, BEPPO, puis JOHNSON.

BEPPO, annonçant. M. Johnson.
SAVIGNY, surpris. Johnson ici?...

(Rose anxieuse regarde Savigny.)

JOHNSON. Une visite de touriste... cher Savigny... (S'inclinant devant Rose.) Madame!

(Rose, incertaine, attend.)

SAVIGNY, *comprenant.* Mon cher Johnson... j'ai l'honneur de vous présenter à madame de Savigny.
(Johnson s'incline. Éclair de bonheur sur le visage de Rose.)
JOHNSON. Je n'ai pas voulu quitter la province sans vous offrir un bonjour et un au revoir... Avez-vous des commissions pour Rome?... Je pars ce soir...
ROSE, à Savigny. Je vais, mon ami, faire mettre le couvert de notre ami Johnson...
SAVIGNY. C'est cela...
ROSE. A tout à l'heure...
(Elle sort, radieuse.)

SCÈNE VI
SAVIGNY, JOHNSON.

JOHNSON, qui a suivi Rose des yeux. Elle est charmante!...
SAVIGNY. Elle en est exaspérante!...
JOHNSON, le regardant en souriant. Ah!
SAVIGNY. Un chef-d'œuvre de grâce, d'amabilité, d'intelligence passionnée... En six mois, elle est devenue musicienne, dessinatrice... Elle m'aime à l'adoration... Je reconnais toutes ses qualités...
JOHNSON. Et cependant... Je connais cela...
SAVIGNY, *arpentant la chambre.* L'homme vis-à-vis de la femme est un bizarre composé de plusieurs animaux... Il y a de l'ours, du singe, du caméléon, du tigre et du papillon...
JOHNSON. Le tigre et le papillon dominent.
SAVIGNY. Je le crois devant mon changement... Cette créature n'offre aucune prise à la plus légère critique... et pourtant.
JOHNSON. Vous n'en pouvez plus...
SAVIGNY. Et je suis à court d'expédients!... Que feriez-vous?
JOHNSON. Lorsqu'en amour... on en est là... il faut traiter la femme comme une dent malade... S'en débarrasser avec les égards proportionnés aux mérites de l'Ariane... Une extraction de dents coûte vingt francs... Une extraction de femme varie de cinq cents à dix mille. Si votre Rose est un chef-d'œuvre, donnez le maximum.
SAVIGNY. Elle se tuera.
JOHNSON. Savigny, vous êtes un fat ou un imbécile.
SAVIGNY. Que faire! Car elle voilà six mois que cela dure. Ma famille, que mes intérêts me commandent de ménager ignore tout jusqu'ici... quoique j'aie dit à Rose le contraire... Ils me croient en Italie pour une excursion artistique... Mais qu'on apprenne l'aventure... du caractère dont je les connais, ils sont gens...
JOHNSON. A vous déshériter...
SAVIGNY. Si je refuse de réparer ma faute... en épousant.
(Johnson rit.) Là-dessus ils ont des idées d'honneur héroïque.
JOHNSON. Alors, séparez-vous tout de suite. Partez avec moi, subito. Une chaise de poste est proche d'ici, et pour votre rupture, rompez comme moi... laconiquement.
SAVIGNY. Comme vous,
JOHNSON. Avec une dame que j'ai aussi emmenée de Paris, et à qui je viens de rendre la liberté.
SAVIGNY. Comment cela?
JOHNSON. Je l'ai laissée, à une lieue d'ici, à l'hôtellerie avec une bank-note de mille francs, dans une lettre qui renfermait un seul mot, celui de la délivrance : Adieu.

SCÈNE VII
LES PRÉCÉDENTS, FLORINE, en amazone, cravache en main. Elle entre brusquement, va à Johnson et lui tend son billet.

FLORINE. Adieu et mille francs! En recevant ça, j'ai fait seller Cabri, et je vous ai rattrapé.
JOHNSON, flegmatique. Pourquoi faire?
FLORINE. Pour vous adresser une leçon de rupture. (Ironiquement et se croisant les bras.) Monsieur, vous avez dû vous enrichir dans les épiceries grossières : le poivre et les clous de girofle!... — Adieu et mille francs! Un mot et une papillote, Américain, va! Ah! tenez, Christophe Colomb a été un fameux imbécile de vous avoir inventé!... — Je suis venue à cheval pour vous le dire n'importe où, et vous rendre votre bank-note... (Elle fait le mouvement de porter les mains à sa poche.) Non. Je la donnerai aux pauvres de ma patrie. (A Savigny.) Monsieur, soyez témoin... J'y tiens pour la dignité des écuyères françaises, que c'est moi qui romps, et non monsieur.
JOHNSON. Soit, c'est vous.
FLORINE. Sans cœur! Négrier! (Changeant de ton.) Bath! Je remonte sur Cabri, et décidément à l'avenir : Vive la France!
(Elle remonte et voit le portrait de Rose.) Tiens! Je connais cette figure-là! C'est Rose, ma camarade d'atelier.
SAVIGNY. Cette femme connaît Rose?

SCÈNE VIII
LES PRÉCÉDENTS, ROSE.

ROSE, reculant. Florine!
FLORINE, avec surprise. Rose! Ici? (Éclatant de rire.) Le lys de l'atelier, en train de plaisir aussi!
ROSE, courant à Savigny. George, répondez-lui.
SAVIGNY. Madame de Savigny, il n'y a rien de commun entre cette femme et vous.
ROSE, désignant la porte à Florine. Sortez maintenant.
FLORINE, avec respect forcé. Tu es... vous êtes sa femme?...
(Rose, immobile, désigne la porte sans répondre. — Florine, comme subjuguée, sort.)

SCÈNE IX
LES PRÉCÉDENTS, moins FLORINE.

ROSE, se jetant au cou de Savigny après la sortie de Florine. Merci! merci!
JOHNSON. Madame, je vous demande mon pardon au sujet de cette personne indélicate et qui ne reparaîtra plus aux yeux d'aucun de nous.
ROSE. J'ai usé de mon droit de la renvoyer.
SAVIGNY, à part. Johnson a raison, il faut en finir. (A Rose.) Chère amie, nous avons deux heures avant le dîner. Je vais lui montrer les environs.
ROSE. Oui, mon bien-aimé Georges. Va. A tout à l'heure, M. Johnson.
(Savigny et Johnson sortent.)

SCÈNE X

ROSE. Cette Florine ici! Sa vue m'a été comme une épouvante!... Il m'a semblé qu'on pouvait me comparer à cette femme!... — Oh! non, non! Comme dit Georges: Rien de commun entre elle et moi! Rien! — Elle a jeté son enfant aux Enfants-Trouvés. Moi, je réserve au mien la tendresse, le dévouement de la meilleure mère! Oui, de la meilleure! Je te le promets, mon enfant.

SCÈNE XI
FLORINE, ROSE.

FLORINE, entrée résolument au fond, A part. A nous deux. (Elle s'approche de Rose et lui mettant la main sur l'épaule.) Rose.
ROSE, se retournant. Florine!
FLORINE. Tu m'as chassée tout à l'heure.
ROSE. Vous m'insultiez...
FLORINE. Parce que j'ai ri en te voyant en campagne avec un Français, comme j'y étais avec un Anglais...
ROSE. Madame.
FLORINE, brutalement. Pas de phrases ni de grands airs! Tu m'as dit : Je suis sa femme. — Si tu veux que j'y croie, si tu veux que je ne te tutoie pas, si tu veux que je te porte envie, montre-moi ton passe-port d'honnête femme : Ton acte de mariage?
ROSE, à part, consternée. Mon acte de mariage!
FLORINE. Ou sans ça, tu es comme moi de la contrebande, à qui on peut parler en gendarme. Si tu ne l'as pas sur toi, va le chercher.
(Elle se jette dans un fauteuil.)
ROSE. Mais de quel droit? madame.
FLORINE. Mon droit? C'est la colère d'avoir pu être méprisée par une pareille!... Tire-moi au clair que tu ne l'es pas et je m'en vais. Ton acte de mariage?
ROSE. Sortez, madame.
FLORINE. Ah! tu ne l'as pas!... car si tu l'avais tu te fouillerais les veines pour le chercher et m'en souffleter. Ah! tu ne l'as pas et tu jettes les camarades à la porte!
ROSE. Si vous ne sortez pas, madame, je sonne.
FLORINE. Et après! Ce serait appeler de la galerie qui s'en donnerait à cœur-joie de m'entendre t'administrer ton fait. Ils se connaissent... (Rose la regarde.) Je leur ai fait une demande... escortée de vingt francs au valet, morgué à la femme. Ils ont souri... je te tenais et je suis rentrée. (A mi-voix.) et je parie qu'ils écoutent, aux portes, notre prise de bec.
(Elle court au fond, ouvre brusquement une porte. On voit Julie s'enfuir.)
ROSE, avec exclamation de honte, tombe sur un siège et appelant d'une voix étouffée. Georges! Georges!
FLORINE. Il se promène en voiture, ton Georges, avec ma momie d'Amérique.
ROSE. Mais enfin, que me voulez-vous donc à moi qui ne vous ai rien fait?
FLORINE. Je veux me moquer de toi... à satiété, d'avoir pris au sérieux ce voyage que tu as cru une lune d'honnête miel, parce qu'on t'a dit de vertueuses douceurs, des : Je t'aime,

mon ange! Je t'adorerai toujours, je t'épouserai! Je te le jure. (Éclatant de rire.) Oui, comme on jure en disant : Sapristi!

ROSE. Taisez-vous!

FLORINE. Pauvre fille qui ne sait pas que dans ces choses-là, les à-comptes tuent le paiement.

ROSE. Vous insultez mon mari!

FLORINE. Et sais-tu d'ordinaire le jour qu'ils choisissent pour vous tourner casaque... c'est quand l'amour tourne au devoir, quand ils deviennent pères! — Souviens-toi de ça. Ce jour-là, tous ces beaux coqs attrapent la chair de poule et zut! va te promener comme Agar et son fils, dans le désert. C'est vieux comme Abraham! Et encore... c'est de l'histoire sainte, ça!

ROSE, haletante. Vous mentez, tu mens,... et ce ne sont pas des valets qui vont te le dire, c'est Georges, qui tout à l'heure, t'a jeté à la face qu'il n'y avait rien de commun entre nous deux...

FLORINE, haussant les épaules. Une dernière aumône de ménagement!...

(Rose sonne fiévreusement.)

SCÈNE XII

LES PRÉCÉDENTS, JULIA.

ROSE. Appelez monsieur.

JULIA, embarrassée. Monsieur, comme le sait madame, est en promenade.

ROSE. Que Beppo monte à cheval, le rejoigne et le ramène immédiatement.

JULIA. C'est que Beppo accompagne monsieur.

(Cinq heures sonnent.)

JULIA, regardant la pendule. Madame... monsieur m'a donné pour madame... une lettre.

ROSE et FLORINE. Une lettre!

JULIA, la donnant. Pour la lui remettre à cinq heures... qui viennent de sonner.

(Rose, stupéfaite, regarde la lettre, sans oser l'ouvrir.)

FLORINE, railleuse. C'est peut-être ton acte de mariage.

(Rose pâlit, tressaille, ne pouvant détacher les yeux de la lettre. Anxieuse émotion.)

JULIA. Madame pâlit! Que madame prenne garde... Une trop grande émotion lui serait dangereuse, dans l'état où elle est.

FLORINE. Dans l'état où elle est! — Rose, cette lettre est ton congé. Qu'est-ce que je te disais, ma pauvre fille?

ROSE, avec véhémence. Un infâme mensonge qui va vous chasser une seconde fois. Georges, je crois en toi.

(Elle ouvre avec fièvre, lit quelques lignes, pousse un cri et tombe comme frappée de la foudre, en laissant échapper la lettre.)

FLORINE, à Julia. Elle se trouve mal! (Elle donne un flacon à Julia, et pendant que celle-ci secourt Rose, elle ramasse la lettre et lit.)

« Chère Rose,
» Je fais appel à toute la raison de votre tendresse pour me pardonner la séparation devenue nécessaire. Vous ne pouvez accepter l'anéantissement de mon avenir qui serait la suite d'une plus longue durée de nos relations. Vous comprendrez pourquoi je vous écris au lieu de vous dire ces cruelles nécessités du devoir.
» Adieu. Je ne cesserai jamais de me souvenir et de vous estimer.
» Un bon de dix mille francs sera à votre disposition chez mon banquier de Naples.
» Votre dévoué,
» GEORGES DE SAVIGNY. »

FLORINE, souriant. Votre dévoué! — Du marmot, pas un mot, naturellement.

(Rose revient à elle.)

FLORINE, se croisant les bras devant elle. Eh bien, Rose, sommes-nous les galériennes de la même chaîne? (Rose, silencieuse, fait signe à Julia de sortir. Julia obéit.)

SCÈNE XIII

ROSE, FLORINE.

ROSE va vers un secrétaire, l'ouvre, prend dans un nécessaire de médecine deux fioles, revient vers Florine, et lui en présentant une. Si vous êtes ma pareille, buvez donc avec moi...

FLORINE, regardant et reculant. Du poison! Merci bien.

ROSE. Alors, sors... toi qui ne sais qu'insulter, et laisse-moi mourir seule.

FLORINE la regarde, et devant l'attitude résolue de Rose, courant à elle. Rose, es-tu folle? Te tuer pour un homme. Trop d'honneur pour l'espèce! Voyons, remets-toi... promets-moi d'être sage! (Prenant le flacon et le jetant.) Et au diable la drogue! — Pardonne-moi ce que je t'ai dit! Je suis rageuse mais pas méchante. — Je vais courir après ton Georges à bride abattue... et je te le ramène. Ce ne sera pas long. Cabri est un prix de Chantilly. (Sortant vivement en regardant Rose.) Pauvre petite!

SCÈNE XIV

ROSE, après une pause.

Non, il ne reviendra pas. (Main sur le cœur.) Je le sens là. (Désignant la lettre, à terre.) C'est une lettre semblable qui a dû vous envoyer mourir, ma mère! — Je vous comprends et je vais vous rejoindre! (Elle ramasse le flacon.) Adieu, André, madame Deschamps, Georgette... vous êtes les seuls qui m'avez aimée. — Adieu!

(Elle porte le flacon aux lèvres.)

SCÈNE XV

ROSE, JULIA.

JULIA. Madame... on apporte un berceau.

ROSE, tressaillant. Un berceau! (Abaissant le flacon.) Apportez-le ici.

(Julia sort et rentre déposer une élégante barcelonnette. Rose fait signe de sortir. Julia sort.)

SCÈNE XVI

ROSE, regardant le berceau, comme fascinée par lui.

Le berceau de mon enfant! Je vivrai! (Jetant le flacon et s'agenouillant en sanglotant devant le berceau.) N'aie pas peur, mon enfant. Je vivrai pour toi, pour toi.

ACTE SIXIÈME

Septième Tableau

CHEZ SOSTHÈNE.

(Intérieur d'ouvrier. — Portes au fond et à droite. — Cheminée. — Table. — Un fauteuil.)

SCÈNE PREMIÈRE

GEORGETTE, sortant de la cuisine, à droite, portant une crème.

Voilà une crème au chocolat qui séduirait un prince. Vais-je me régaler tantôt!... Sosthène et les amis sortent de l'atelier à cinq heures en l'honneur de ma fête. (Respirant la crème.) Sent-elle bon! (Tristement.) Oui, mais c'est mauvais signe de la trouver si appétissante. Madame Canin, avec de l'expérience, m'a dit comme ça : Georgette, quand vous éprouverez des répugnances pour ce qui vous ragoûte le plus, réjouissez-vous et préparez vite les petits bonnets et le berceau. V'là deux, trois mois que, tous les jours, je m'offre des choses que j'aime et je les trouve toujours excellentes! La moitié de ce saladier ne me ferait pas peur. J'ai un instant pensé que c'était parce que rien n'est prêt... et en quinze jours... j'ai fait une layette complète. J'ai acheté le berceau. Ah! bien oui, ça ne m'a pas avancé. Tout ça reste là dans le grand placard comme objets de luxe... (Elle ouvre un grand battant d'armoire qui découvre au rez-de-chaussée un berceau, sur des étagères, des objets de toilette d'enfant.) Tout y est!... jusqu'au morceau de guimauve pour lui faire percer ses petites quenottes... On frappe? Entrez.

SCÈNE II

GEORGETTE, MADAME CANIN, avec un pot de fleurs.

MADAME CANIN. On vient fleurir la sainte Georgette...

GEORGETTE. Vous êtes bien bonne, madame Canin... Asseyez-vous, je vais vous offrir un petit cassis...

MADAME CANIN. A vot'santé! — C'est pas de refus. (Georgette cherche une bouteille et deux petits verres.) Eh bien, à quand du nouveau?

GEORGETTE. Ah! ne m'en parlez pas!... Je suis comme la sœur Anne...

MADAME CANIN. Pourtant, vous avez un petit air pâlot, bien intéressant !
GEORGETTE. Une attrape !
(Elle remplit les deux petits verres.)
MADAME CANIN. A vot'santé !...
GEORGETTE, prenant le verre. Ah ! mon Dieu ! Ça ne me dit rien du tout, ce cassis !
MADAME CANIN. Une répugnance ? Bravo !
GEORGETTE. Vous croyez, madame Canin ?
MADAME CANIN. Je m'y connais, j'en ai eu dix !
GEORGETTE. Madame Canin... Du cassis... ce n'est peut-être pas assez décisif ?... (Elle court se placer devant la crème.) Voyons voir ! (Avec joie.) Madame Canin... cette crème aussi !... Ah ! mais oui, un degré de plus, je la donnerais au chat...
MADAME CANIN. Bravo !...
GEORGETTE, vivement vers madame Canin. N'est-ce pas, madame Canin, qu'il faut qu'il se passe en moi quelque chose d'extraordinaire ?...
MADAME CANIN, air capable. Voyons le pouls...
(Elle le tâte gravement.)
GEORGETTE. Qu'est-ce qu'il dit ?
MADAME CANIN. Laissez-le parler. Il dit que ce sera un garçon !
GEORGETTE, sautant de joie. Un garçon !
MADAME CANIN. Ne sautez donc pas comme ça, imprudente !... Voyons la langue !... (Georgette montre la langue.) mieux que ça ! Tiens, c'est drôle... la langue dit que ce sera une fille...
GEORGETTE, désappointée. Ah !
MADAME CANIN. Mais comme la langue parle souvent de travers... Croyons-en le pouls... ce sera un garçon...
GEORGETTE, joyeuse. Ce sera un garçon !... Oui !... Ah mon Dieu comme ce cassis m'agace !... (Elle l'emporte.) Si c'est un garçon il ne sera pas buveur !... (Elle enferme la bouteille dans une armoire près de la cheminée, voit la crème... et fait un geste d'aversion. Ah ! cette crème ! Je vais la reporter à la cuisine... (Elle l'emporte en détournant la tête.) Si c'est une fille... elle ne sera pas gourmande ! (Revenant.) Et puis dites donc... madame Canin, vous qui avez de l'expérience...
MADAME CANIN. Dix ! venus là !... (Baissant le bout de ses doigts.) Je ne vous dis que ça...
GEORGETTE. Y a-t-il des moyens sûrs pour que les enfants arrivent à la perfection ?
MADAME CANIN. Il y en a un...
GEORGETTE. Oh ! dites vite...
MADAME CANIN. Quand donc ne se sent maman... il faut soigneusement remplir toutes ses journées de bonnes actions.
GEORGETTE. De bonnes actions !
MADAME CANIN. Pour que ça déteigne sur l'enfant...
GEORGETTE. Ah ! Ça peut déteindre !
MADAME CANIN. Évidemment ! Seulement, faut y mettre de l'intention... Ainsi, par exemple... vous faites du bien à des malheureux... vous rendez un service... vous pardonnez un camouflet ; vous bridez votre colère... Eh bien, ayez soin de vous dire tout bas : Je fais ceci pour que l'enfant ait de cœur, pour qu'il ait de beaux yeux, pour qu'il ait bon caractère, etc., etc., et vous lui en souhaitez comme ça tant et plus, à proportion que vous êtes vaillante à bien faire...
GEORGETTE. Et il attrape tout ce qu'on lui souhaite ?
MADAME CANIN. En donnant l'exemple, c'est positif.
(Au dehors un air d'orgue de barbarie.)
GEORGETTE. Madame Canin... à partir d'aujourd'hui je veux être un ange pour que tous mes enfants deviennent des chérubins !... Et je vais commencer par la charité ! (Elle court jeter quelques sous par la fenêtre... et avec instance.) Mon Dieu, donnez-lui bon cœur !
MADAME CANIN. C'est ça ! Faut toujours commencer par là.
GEORGETTE. Maintenant, madame Canin, il faut que cette armoire prenne l'air... Elle pourrait rendre humides les effets et ça enrhumerait l'enfant... (Ouvrant l'armoire.) D'abord, sortons le berceau...

SCÈNE III

LES PRÉCÉDENTES, SOSTHÈNE.

Il porte un énorme gâteau de Savoie surmonté d'une rose... Il voit du seuil, Georgette et madame Canin sortir et déposer le berceau dans la chambre.

SOSTHÈNE. Qu'est-ce que vous déballez donc là ?
GEORGETTE, courant à lui, avec un cri de joie. Sosthène, j'ai refusé un petit verre à ta santé !
SOSTHÈNE, chancelant. Georgette, nous sommes père et mère !
GEORGETTE, le soutenant. Madame Canin... Qu'est-ce qui lui prend !
MADAME CANIN. Le saisissement !... Ce n'est rien... A mon premier, Canin flageola pareillement.

SOSTHÈNE. Dire le tremblement de joie qui me possède ! Non ! Dix grosses caisses et le canon des Invalides ne le traduiraient pas ! Faut que je fasse quelque chose d'extra... pour... pour... la réjouissance...
GEORGETTE. Sosthène, tiens-toi tranquille...
SOSTHÈNE. Tranquille ! moi ! ah ! mais non... Je veux du remue-ménage... Je veux du remue-ménage... je veux des témoins et des compliments... J'y suis ! J'ai mon idée ! Hier, j'ai lu dans le *Moniteur* que la reine d'Espagne était intéressante. J'vais te traiter comme elle devant toute la maison. J'serai ton *Moniteur universel* !
(Il court au fond.)
GEORGETTE. Sosthène ! Sosthène ! Est-ce que tu deviens fou ?
SOSTHÈNE, sur le palier, appelant à tue-tête. Monsieur Frémissard ! madame Lardillon !
GEORGETTE. Sosthène ! Sosthène !
SOSTHÈNE. Comme la reine d'Espagne ! (Appelant.) Tourlatour ! Bien, les v'là qui arrivent ! Et tout à l'heure, les camarades !... J'vas rayonner devant tout ça !
GEORGETTE. Oui, mais moi tout ça m'embarrasse !
SOSTHÈNE. De quoi ! de quoi ! Puisqu'on affiche les reines ! Madame Canin, ôtez-lui ces embarras-là, vous qui en avez eu dix !
MADAME CANIN. Ma chère madame Sosthène, tout ce qui est honnête et dans l'ordre, est bien porté. L'enfant, c'est la croix d'honneur des mères ! Vous voilà chevalier... Laissez tambouriner Sosthène.

SCÈNE IV

LES PRÉCÉDENTS, VOISINS et VOISINES.

FRÉMISSARD. Qu'est-ce que vous voulez, voisin ?
SOSTHÈNE. Votre présence, mes bons amis ! C'était plus fort que moi. (Désignant le berceau.) Vous voyez qu'on a déballé d'avance le harnachement d'un bébé !
LES VOISINS. Nos compliments, M. Pitanchard.
UNE VOISINE. Madame Sosthène, je vous félicite.
GEORGETTE. Excusez, je vous en prie, mais Sosthène en est comme un fou.
SOSTHÈNE, empressé. Asseyez-vous donc, mesdames et messieurs, j' vais vous offrir quelque chose.
GEORGETTE. Ah ! oui, j'ai du doux pour les dames, et du fin tafia pour les messieurs.
(Elle va à l'armoire du fond.)
SOSTHÈNE, prenant les autres à part. Ah ! dites donc, madame Canin, mes amis... maintenant que j'y pense, ne soufflez jamais devant ma femme, le nom de c'te mademoiselle Rose, ça l'émotionnerait péniblement.
MADAME CANIN. Ah ! oui ! Pas d'émotion désagréable.
SOSTHÈNE. J' le recommanderai à tout le monde, qui comme moi, l'ont en mépris, cette petite vaurienne qui a préféré à not' brave André...
MADAME CANIN. Viendra-t-il ?
SOSTHÈNE. Je l'espère. Dire pourtant que v'là trois mois que sa mère est morte. Le pauvre garçon en a eu un désespoir ! Il disait qu'il n'y avait pas de Dieu.
MADAME CANIN, scandalisée. Il disait ça !
SOSTHÈNE. Et pourtant André m'aime encore, cette petite vaurienne... Mais assez de tout ça, et motus.
TOUS. Motus.
GEORGETTE, qui a achevé de disposer les verres. Qu'est-ce que vous chuchotez donc là ?
SOSTHÈNE. Je leur recommandais de te dorloter, tous, à partir d'aujourd'hui, et surtout, pas de fatigue... pas d'émotion pénible. Ah ! j'entends les amis ! (Il court au fond et regardant du palier le bas de l'escalier.) Les camarades d'atelier, Georgette, avec des bouquets. Cré coquin ! tous les parfums montent l'escalier. Tu vas en sentir, toi qui les aimes. Prépare ton nez. (Se rangeant.) Entrez, entrez, messieurs et dames !

SCÈNE V

LES PRÉCÉDENTS, ENTRÉE DES OUVRIERS ET OUVRIÈRES. CLÉMENCE, FÉLICIE, etc. Tous porteurs de bouquets, noués de faveurs.

SOSTHÈNE, aux arrivants. Doublez vos compliments, vos bouquets et vos sourires. C'est deux fois fête. Vous voyez ce berceau ; on attend le locataire.
TOUS. Bravo ! (Les jeunes filles et femmes entourent Georgette avec leurs bouquets.) Bonjour, Georgette ! Une bonne fête. Nos vœux pour le petit.
GEORGETTE. Merci, mes bonnes amies.
FÉLICIE. Moi, je fleurirai le berceau.

D'AUTRES. Moi aussi.
MADAME CANIN, prenant son pot de fleurs. J'ouvre la marche.
(Toutes viennent à la file, précédées de madame Canin, déposer leurs bouquets sur le bord du berceau qui se trouve ainsi comblé de fleurs.)
GEORGETTE, attendrie. Ah! merci de me le fleurir comme ça d'avance!
SOSTHÈNE, attendri à madame Clémence. Vous êtes venue aussi, Madame Clémence?...
MADAME CLÉMENCE. Mais oui, que je m'associe à vot' bonheur.
SOSTHÈNE. Dis donc, Georgette, elle s'associe... (Lui sautant au cou.) Ah! faut que je vous embrasse!... (Revenant vers Georgette.) V'là le moment...
GEORGETTE. De quoi faire?...
SOSTHÈNE. La chanson!... En manière de répétition générale.
FRÉMISSARD. Il y a une chanson?... Silence!
TOUS. Silence.
SOSTHÈNE. Eh bien, oui, j'en ai fait une! — Un soir, en rentrant, j'avais l'âme chagrine de voir ce berceau vide. Je suis sorti pour aller prendre l'air et me remonter le moral en me disant: Espère tout d'même et, si tu le peux, tourne ton espérance en deux couplets qui feront plaisir à la petite bourgeoise. En rentrant je les avais, je les chantais et Georgette les a trouvés si bien! qu'elle en a voulu un troisième qu'elle a fabriqué elle-même.
TOUS. Ah! bah.
GEORGETTE, la main sur le cœur. Dam! C'est parti de là.
SOSTHÈNE. Attention. (Mettant avec Georgette le berceau au milieu de la scène.) Le décor est posé. — Au refrain, on danse en rond. Ce n'est pas du Béranger... Je ne suis qu'un ancien de la mutuelle... — Mais enfin je crois tout de même que c'est ça.
(Chantant.)

Air par M. Blangy.

Lorsqu'on nous dit : Dans un ménage,
Faut être à deux pour être heureux,
Ce n'est pas vrai, faut davantage,
Faut un troisième avec les deux;
Un ravissant petit troisième,
Bien rose, bien mignon, bien beau!
Et puis qu'on aime, Oh! mais qu'on aime,
Et qu'on loge dans un berceau.

REFRAIN.

Autour de lui, dansons en ronde;
Que chacun, entendo et réponde
Ce cri de tous les temps ;
Vivent les enfants!
(Tout en chantant le refrain, les assistants forment, en se donnant la main, un rond dansant autour du berceau fleuri.
SOSTHÈNE. A toi, Georgette. C'est le couplet de la bourgeoise.
GEORGETTE, désignant le berceau. Je suppose que le petit y est.
(Chantant.)

Emmailloté dans de beaux langes,
Je le vois beau comme un printemps;
Sommeillant, il sourit aux anges,
Eveillé, c'est à ses parents.
Et vous verrez, j'en suis certaine,
Son premier mot, assurément...
Sera pour moi... Pas vrai... Sosthène ?
Avant : Papa! viendra : Maman!

REFRAIN!

Autour de lui dansons en ronde etc.

TOUS. Bravo! bravo!
SOSTHÈNE, enthousiasmé. Hein que c'est joliment touché!... (Embrassant Georgette avec passion.) Dimanche prochain, à Saint-Cloud, je t'achète un mirliton grand comme toi! — Troisième couplet, pour la moralité!

Faut pas de longues rêveries,
Pour savoir trouver le bonheur,
Au faubourg comme aux Tuileries,
Chacun sait bien qu'il vient du cœur !...
Pour que ce cœur toujours rayonne,
Le vieux moyen toujours nouveau,
C'est un ménage qui vous donne :
Amour, travail, près d'un berceau !

REFRAIN.

Autour de lui dansons en ronde, etc.

FRÉMISSARD, larmoyant. Monsieur Sosthène, j'ai entendu le P'tit ébéniste... et j'ai été moins impressionné que présentement... Enfin quoi! vous possédez la note sensible... monsieur Sosthène...
SOSTHÈNE. C'est la bonne!... Et maintenant nous allons tout de suite élire d'avance un parrain... Toi, Georgette, tu choisiras la marraine.
TOUS. C'est ça.
SOSTHÈNE. Mais tout en choisissant, faut se réjouir l'estomac. Madame Canin, ouvrez le buffet et versez tout ce que vous trouverez... — Vous, monsieur Frémissard, qui avez du goût... voilà le calendrier, cherchez-nous le plus beau des noms.
MADAME CANIN, qui a ouvert le buffet. Il y a du jambon et du boudin...
SOSTHÈNE. Apportez... Tout le monde aime la charcuterie...
V'là quatre bouteilles cachetées et le tire-bouchon... Débouchez-moi ça, Galuchet... Et des verres... et la miche! Et ces trois bondons que vous oubliez, madame Canin ! V'là le panier à couteau... Et ces pommes avec leurs joues rouges! Et le gâteau savoyard, couronné du pompon! Ah! et la crème au chocolat, dis-donc, Georgette!
GEORGETTE. Je cours la chercher...
(Elle va dans la cuisine.)

SCÈNE VI

LES PRÉCÉDENTS, moins GEORGETTE.

SOSTHÈNE, désignant la table où tout est pêle-mêle. Messieurs et dames, passez au buffet et régalez-vous sur le pouce...
(On entoure la table et chacun se sert à sa guise.)
FRÉMISSARD, revenant vers Sosthène, avec le calendrier. Si c'est une fille... voulez-vous Julienne?...
SOSTHÈNE. Un nom de soupe! Merci! Cherchez mieux que ça...

SCÈNE VII

LES PRÉCÉDENTS, ROSE, pâle, en bonnet, pauvrement vêtue.

GALUCHET, se retournant. Tiens! — Mademoiselle Rose!
SOSTHÈNE, se retournant vivement. — Hein! Qu'est-ce qui a dit ce nom-là?...
(Rose tressaille, regarde autour d'elle et ne voit que l'éloignement sur les visages... Reconnaissant Clémence et Félicie et allant à elles comme vers un refuge.)
ROSE. Clémence!... Félicie!... (Les jeunes filles restent immobiles sans répondre. — Rose cherchant autour d'elle.) Georgette n'est pas là ?...
SOSTHÈNE. Non... Pas pour vous... Madame Canin, allez à côté, empêcher Georgette de venir. — Je ne veux pas qu'elle voie cette femme...
ROSE, suppliante. Madame...
SOSTHÈNE, impératif. Allez, je vous en prie... (Madame Canin entre dans la cuisine, referme la clé la porte sur elle... puis revenant vers Rose, restée muette, anxieuse.) Hein, mainzelle Rose, vous ne me reconnaissez pas à mon accueil, moi Sosthène Pitanchard. Dam! Si je vous avais accueillie comme tous ceux-là... C'aurait été en souriant, à bras ouverts, en les appelant: Mes bons amis! Et alors tous ces braves jeunes gens, toutes ces honnêtes filles ne me l'auraient peut-être pas dit... mais à coup sûr, l'auraient pensé tout bas : .. L'ami Sosthène, à ce qu'il paraît, dans ses réceptions, ne met pas de différence entre ceux qu'il estime et ceux qu'il méprise!... — (Tressaillement de Rose.) Oui, j'ai lâché le mot et je ne m'en dédis pas!... — Une fille... à qui le bon Dieu avait donné de la santé, de l'intelligence, du visage, un bon état, de l'ouvrage, d'honnêtes amis, une crème de jeune homme pour épouseur... cette fille-là, en retour, devait rester dans le droit chemin, au lieu de courir les grandes routes, sans seulement se retourner... pour voir sangloter et agoniser le pauvre garçon qui lui avait confié sa vie.
ROSE. André...
SOSTHÈNE. Oui... André qui pleure sa mère.
ROSE. Sa mère! — Ah ! M. Sosthène, ayez pitié de moi.
SOSTHÈNE. Avez-vous eu pitié d'eux? — Vous recueillez la moisson de vos semailles !... — Je n'ai rien de plus à vous dire, sinon que... nous étions, ici, réunis...
ROSE. Pour la fête de Georgette...
SOSTHÈNE. Et de ce berceau...
ROSE, comme malgré elle. Georgette aussi! (Regardant le berceau chargé de fleurs et avec un auxieux attendrissement.) Ici... tous viennent avec des fleurs et de la tendresse... et pour moi... tous se sont enfuis! Oui... C'est justice... Je vous comprends... Ma place n'est pas ici... Adieu.
SOSTHÈNE ET LES AUTRES. Adieu...
ROSE, avec sanglots. Vous me chassez! (Silence de tous. — Avec explosion.) Ah ! si Georgette était là, vous ne le feriez pas!...—

(Courant se jeter à genoux devant la porte de la cuisine et appelant d'une voix suppliante.) Georgette ! Au secours ! au secours !
SOTHÈNE. Taisez-vous, malheureuse...
LA VOIX DE GEORGETTE, impérative. Sosthène, ouvre, ouvre... Je le veux.
ROSE. Vous l'entendez...
SOSTHÈNE. Non, je n'ouvrirai pas...
ROSE. Ouvrez, ouvrez... Et si elle aussi,... me dit de sortir... Je vous jure que je lui obéirai.
LA VOIX DE GEORGETTE, avec emportement. Sosthène, veux-tu ouvrir !
SOSTHÈNE, alarmé. Mais elle s'émotionne ! (A Rose.) Ah ! malheureuse !... Prenez, garde !
(Il ouvre la porte.)

SCÈNE VIII
LES PRÉCÉDENTES, GEORGETTE.

Rose est restée agenouillée, et quand Georgette paraît, elle lui tend les bras.

ROSE. Georgette !
GEORGETTE, s'élançant vers elle. Rose ! Rose !
ROSE, éperdue. Tu ne me chasseras pas !...
GEORGETTE. Te chasser !...
(Elle l'enlace dans ses bras et la couvre de baisers.)
SOSTHÈNE. Georgette !
GEORGETTE, vivement. Est-ce que Sosthène et ceux-là n'auraient mal reçue ?
SOSTHÈNE. Dam ! Nous ne lui avons pas sauté au cou, tu penses bien !...
ROSE. Ils m'ont reçue comme je le méritais, Georgette... Ils ont eu raison...
GEORGETTE, avec explosion. Non... Ils ont eu tort !
SOSTHÈNE. Mais pourtant, Georgette, faut que tu mettes une différence...
GEORGETTE, avec grande vivacité de cœur. Oui, j'en mets une, on la recevant mieux que les autres... comme on doit mieux recevoir les malades, les blessés que les bien portants ! Mais regardez-la donc, pâle... amaigrie, tremblante dans sa pauvre robe et son petit bonnet d'autrefois !... Pour qui la connaît, faut-il qu'elle ait souffert pour nous revenir ainsi ! N'est-ce pas, Rose ?...
ROSE, balbutiant. Oui.
GEORGETTE. Pour qui la connaît comme moi, son retour c'est sa promesse d'être, à l'avenir, un modèle de repentir et de tout ce qu'il y a de bon... n'est-ce pas, Rose
ROSE. Merci, Georgette...
GEORGETTE, indignée. Et vous n'avez pas compris, senti tout ça !... Et vous l'avez mal reçue !... (A Sosthène.) Toi en tête, vilain sans cœur !
ROSE. Georgette...
SOSTHÈNE, suppliant. Georgette, ne t'émotionne pas !
GEORGETTE. Ma pauvre Rose ! Oui, je t'accueillerai la mieux... Oui, tu seras de la fête, ma chérie ! Tiens, v'là mon plus beau bouquet !... Tiens, v'là la rose du gâteau. (Aux assistants.) Mangez de la charcuterie ! vous autres !... Toi, Rose, t'auras le plat de luxe... ma crème au chocolat !... Sosthène, va la lui chercher.
SOSTHÈNE, s'élançant. J'y vais, j'y vais... (Le rappelant.) Et une petite cuiller, madame Canin... — Le grand fauteuil, Galuchet !...
(Empressement général, Rose assise dans le fauteuil.)
GEORGETTE, aux assistants. Et vous autres, mes bons amis, qui m'avez comprise et donné raison... si vous voulez m'offrir du bonheur avec vos bouquets... revenez-lui à cette pauvre Rose !.. Oubliez tout et souriez-lui... comme auparavant...
(On entoure Rose, muette, palpitante d'émotion.)
LES ASSISTANTS. Rose, ma bonne Rose... Mademoiselle Rose...
MADAME CANIN, pleurant et serrant Georgette dans ses bras. Georgette, v'là qui est beau !... qui est sublime ! (Prophétique.) Madame Pitanchard, vous aurez un enfant beau comme le jour. J'le vois d'ici...
GEORGETTE. Oh ! quel bonheur !
ROSE. Ah ! c'en est trop.
GEORGETTE. Non... Ce n'est pas assez...
SOSTHÈNE, ahuri. Ah !
GEORGETTE. Sosthène,... tu demandais une marraine tout à l'heure ?... C'est Rose que je choisis !
TOUS. Bravo !...
ROSE, avec ivresse. Georgette !
SOSTHÈNE. Et le parrain ?...
GEORGETTE, montrant André qui entre. Le voici...

SCÈNE IX
LES PRÉCÉDENTES, ANDRÉ.

ANDRÉ, voyant Rose et comme pétrifié. Elle !

ROSE, à genoux, la tête dans ses mains. André !
(André reste immobile.)
GEORGETTE, avec instance. M. André,... tout à l'heure c'est comme ça qu'elle était à mes genoux... Je l'ai relevée et serrée dans mes bras... Monsieur André, faites comme moi !
ANDRÉ, éperdu, relève Rose et la serrant dans ses bras en sanglotant. Rose ! Rose !
ROSE. André...
GEORGETTE, les désignant. Regardez-les... V'là le bouquet de ma fête... (Pause.)
ANDRÉ, soutenant Rose qui chancelle. Rose, qu'avez-vous ?
GEORGETTE, vivement. Tu souffres...
ROSE. Moi ! Oh non... non...
GEORGETTE. Des battements de cœur !... (A Sosthène.) De l'eau de mélisse..,
SOSTHÈNE. On y va... On y va... Mais ne t'émotionne pas !...
MADAME CANIN. Je vais lui arranger ça.
ROSE, pour elle avec bonheur. Tous m'ont pardonné...
GEORGETTE. Est-ce que je t'en ai jamais voulu.
LES FEMMES. Ni moi non plus...
ROSE. Merci... (A André.) Et votre mère !
ANDRÉ. T'a pardonné, Rose...
ROSE, avec tressaillement de bonheur. Ah !
ANDRÉ, à part. Mais comme elle est pâle...
GEORGETTE. Eh bien... et cette eau de mélisse !
SOSTHÈNE et MADAME CANIN. Voilà... voilà...
GEORGETTE, la faisant prendre à Rose. Ça te remettra, chérie !... Hein, c'est bon...
ROSE. Oui, mon adorée Georgette... Ah ! comme il fait bon ici... maintenant qu'on m'aime... (Attirant Georgette et André.) Venez, venez tout près...
MADAME CANIN, à part à Sosthène. Je ne sais pas... mais j'ai peur !
SOSTHÈNE. De quoi ?
MADAME CANIN. Eloignez votre femme.
SOSTHÈNE. Pourquoi ça ? (Elle lui montre lentement le visage de Rose... — Comprenant.) Ah ! mon Dieu !
ANDRÉ, frappé de l'altération des traits de Rose, se tournant vivement vers les assistants, et à voix basse. Mes amis, vite un médecin, vite.
GALUCHET, s'élançant dehors. J'y vais.
SOSTHÈNE, bas à Georgette restée agenouillée près de Rose. Je t'en supplie, va-t-en, Georgette, va-t-en.
GEORGETTE. M'en aller ? (Regardant Sosthène et comprenant sa pensée.) Mais ce n'est pas possible ! (Vivement à Rose.) Rose.
ROSE à SOSTHÈNE. Je vous comprends,... mais n'ayez pas peur... Ceux qui s'en vont dans la joie n'effraient point... Ils meurent en souriant.
GEORGETTE, ANDRÉ, SOSTHÈNE. Rose !
ROSE. Il faut que vous sachiez... Depuis deux mois j'étais à l'hospice.
GEORGETTE. A l'hosp !... Quand nous étions là !
ROSE. Mon petit ange y est né... a pleuré... (Montrant le ciel du doigt.) Et puis... (Tressaillement de Georgette.) Mais le tien vivra. (Désignant le berceau.) Ça, c'est le berceau joyeux, béni !... Et alors, seule au monde, toute seule, j'ai voulu venir... et je vous ai tous trouvés... tous m'ont accueillie !... (Serrant la main d'André.) Tous ! (A Georgette avec extrême douceur, et appuyant sa tête sur son épaule.) N'est-ce pas, que tu ne m'en veux pas... de mourir chez toi ?
(Long silence, Georgette reste immobile et anxieuse.)
ANDRÉ, se penche sur Rose et l'appelant graduellement plus fort. Rose... Rose... Rose ! (Épouvanté.) Mais elle se...
SOSTHÈNE, s'élançant, lui place la main sur la bouche. Tais-toi !...
(Silence. Se tournant vers Georgette avec anxiété.) Georgette ?
GEORGETTE. N'aie pas peur... et laisse moi pleurer...
(Elle dépose doucement la tête de Rose sur le dossier du siège, lui forme pieusement les yeux, l'embrasse sur le front et s'agenouille en sanglotant. Toutes les femmes s'agenouillent.)
ANDRÉ, éperdu de douleur, étendant la main sur la tête de la morte. Rose, tu seras vengée !

ACTE SEPTIÈME

Huitième Tableau

CHEZ M. DE CHARLIEU.

(Décor du deuxième acte.)

SCÈNE PREMIÈRE

SAVIGNY, entrant, en habit, cravate blanche, puis JOHNSON.

SAVIGNY, à un domestique. Avertissez M. de Charlieu de mon arrivée.
(Le domestique sort.)
(Savigny s'assied sur un canapé.)
JOHNSON, entrant. Je viens de gagner dans un pari un magnifique cheval blanc.
SAVIGNY. Ah !
JOHNSON. Il me coûte six mille francs.
SAVIGNY. Alors vous ne l'avez pas gagné.
JOHNSON. Si... Seulement j'avais parié contre moi-même.
SAVIGNY, riant. Ah ! C'est différent.
JOHNSON. J'avais parié que cette Florine, vous savez, finirait mal.
SAVIGNY. Et elle a mal fini.
JOHNSON. Asphyxiée !... de désespoir d'avoir logé une jaunisse qui l'a défigurée. — Je ne me suis pas trompé dans mes prévisions. En souvenir de cette fille, j'ai appelé mon cheval Florine. A propos, votre petite Rose, en avez-vous des nouvelles ?
SAVIGNY. Non. Tout ce que j'ai su, c'est qu'elle n'a jamais réclamé les dix mille francs que j'avais mis à sa disposition.
JOHNSON. Celle-là aussi finira mal... Vous verrez.
SAVIGNY. Johnson, assez de grisaille et biffons le passé. Nos cravates blanches vous disent pourquoi. — Toutes mes pensées appartiennent désormais, à ma belle cousine, un trésor de grâces... et de fortune... Mon oncle m'a prié de précéder, ici l'arrivée de nos invités...
JOHNSON tout en tirant son dictionnaire. Je vous laisse l'attendre. Je vais aller fumer un cigare sur la terrasse.
SAVIGNY, le reconduisant. C'est ça. Quel mot cherchez-vous ?
JOHNSON. Le voilà : Anicroche. (Lisant.) « Obstacle qui accroche une affaire. » J'ai le pressentiment que votre bonheur... il recevra une anicroche.
SAVIGNY. Veux-tu te taire, hibou !...
(Johnson sort à gauche.)

SCÈNE II

SAVIGNY, DE CHARLIEU.

SAVIGNY, allant au-devant de Charlieu. Cher oncle, j'accours... Que désirez-vous ?
CHARLIEU, lui faisant signe de s'asseoir. Mon cher Georges, le bonheur de ma fille, mon unique enfant, a toujours été ma plus grande sollicitude. Le baron, son premier mari, fut de ma part l'objet d'un examen scrupuleux pour m'assurer que je confiais à une âme, sans reproche, l'avenir de Lucienne. Leur union fut heureuse et trop tôt brisée. Le deuil de ma fille me confirma ce qu'avait été mon premier gendre. C'est à toi, George, qu'aujourd'hui, je confie la mission de rendre à mon enfant tout ce qu'elle a perdu. N'est-ce pas que tu l'aimeras et qu'on fait d'honneur et de tendresse elle retrouvera en toi toutes les générosités, tous les dévouements ?
SAVIGNY. Je vous le promets, mon oncle.
CHARLIEU. Je ne te le dissimule pas, je me suis enquis de toi.
SAVIGNY. Ah !
CHARLIEU. Les jugements te furent favorables,... mais j'en désire un que je considérerai comme une sécurité dernière, comme une caution sacrée...
SAVIGNY. Parlez, mon oncle.
CHARLIEU. C'est de faire toi-même un appel à la conscience, par lequel, te rendant ton propre juge en face de ta fiancée, tu te demandes : Dans le passé, le présent et l'avenir, ai-je été, suis-je et serai-je digne d'elle ? Une tradition de famille qui a présidé à toutes nos unions propose à mes gendres cette dernière épreuve, offerte au dernier instant.
SAVIGNY. Je m'y soumets avec joie, mon oncle.

SCÈNE III

LES PRÉCÉDENTS, UN DOMESTIQUE, porteur sur un plateau d'une lettre.

LE DOMESTIQUE. M. le notaire et MM. les invités sont arrivés. Une lettre pour monsieur le comte... On attend une réponse dans le petit salon.
(Le domestique désigne une porte au fond, à droite.)
CHARLIEU, ouvre et lit, puis au domestique. Priez d'attendre un instant au petit salon.
(Le domestique sort par la porte précédemment désignée.)

SCÈNE IV

DE CHARLIEU, SAVIGNY.

DE CHARLIEU, après une pause, regardant Savigny. Pardon, mon cher Georges — ainsi ce serment que je te demande, tu le feras devant tous... avant la signature du contrat ?
SAVIGNY. Je le ferai, mon cher oncle, tête haute.
DE CHARLIEU, le regarde, puis au domestique qui est ressorti de la chambre de droite. Faites entrer le notaire et les invités. (A Savigny.) Je cherche ma fille.
(Il sort.)

SCÈNE V

SAVIGNY, puis JOHNSON, MAUCROIX, CHARLIEU, LUCIENNE, LE NOTAIRE, INVITÉS.

Le domestique ouvre les portes du fond. — Entrée du notaire, des invités, de Johnson, Maucroix. Paraissent ensuite, venant de la gauche, Charlieu ayant au bras sa fille.

CHARLIEU et LUCIENNE, saluant. Mesdames, messieurs...
LE NOTAIRE, installé à la table. Je suis prêt à lire le contrat...
SAVIGNY. Monsieur, un instant, s'il vous plaît. (Se tournant vers les assistants.) Mesdames, messieurs, il est dans la famille de Charlieu où j'ai l'honneur d'entrer, une tradition à laquelle je suis fier de me soumettre. — Avant la signature du contrat de mariage, le fiancé s'adresse à tous et, la main sur la conscience examinée, doit s'attester dans le passé, le présent et l'avenir digne d'estime et d'honneur...
(Pendant ce qui précède, de Charlieu est allé au fond, a ouvert la porte du petit salon et fait un signe — André et Sosthène paraissent.)

SCÈNE VI

LES PRÉCÉDENTS, ANDRÉ, SOSTHÈNE, au fond.

DE CHARLIEU fait signe aux nouveaux arrivés d'écouter, et lorsque Savigny a fini de parler.
DE CHARLIEU, bas à André. Vous l'entendez ?
ANDRÉ. Je l'entends.
DE CHARLIEU, revenant vers Savigny. Monsieur de Savigny vous rendez-vous devant tous un pareil témoignage ?
SAVIGNY. Devant tous,... dans le passé, le présent et l'avenir, je m'atteste digne d'estime et d'honneur...
DE CHARLIEU, redescendu, à André et Sosthène. Si vous avez dit vrai, répondez.
(André et Sosthène s'approchent gravement.)
JOHNSON, à lui-même, les regardant. Voilà l'anicroche.
SAVIGNY, à part. André !
ANDRÉ, devant Savigny et le regardant. Vous en avez menti.
SOSTHÈNE. Archi-menti...
(Stupéfaction et murmures.)
SAVIGNY, trossaillant et menaçant. Malheureux !...
LUCIENNE, se réfugiant auprès de son père. Mon père...
SAVIGNY, s'élançant sur une sonnette. Nous avons des laquais,...
SOSTHÈNE, en attitude. S'ils ne viennent qu'à quatre, je m'en charge...
ANDRÉ, reste immobile, les bras croisés, les yeux attachés sur Georges.
DE CHARLIEU, arrêtant Savigny. Appeler... n'est pas répondre...
(Tirant la lettre.)
Ce sont ceux qui ont écrit cette lettre... (Lisant.) « Monsieur, c'est au dernier instant que nous apprenons le mariage de M. de Savigny. Si l'infamie est un obstacle... nous vous affirmons que M. de Savigny est un infâme... et nous sommes là pour le répéter à haute voix.
Signé : ANDRÉ DESCHAMPS. »
SOSTHÈNE, avec geste de signer vigoureusement. Et Sosthène Pitanchard.
DE CHARLIEU. Répondez, Georges. Prouvez qu'on vous calomnie et je sonnerai moi-même...
LUCIENNE. Répondez, Georges...
SAVIGNY, avec méprisante pitié. Savez-vous sur quoi cet homme fonde une insulte qu'il expiera de sa vie !... sur les oublis d'une fille qui préféra devenir ma maîtresse que sa femme !
SOSTHÈNE. André... je bouille !...
ANDRÉ, grave. Attends.
SAVIGNY, à Johnson et Maucroix. Johnson, Maucroix, attestez-le.
(Signes d'assentiment des deux.)
ANDRÉ, à Savigny. Comme auparavant, vous en avez menti. (Reculant et regardant l'assistance.) La voulez-vous de moi, la vérité ?
CHARLIEU et LUCIENNE. Parlez.
ANDRÉ. Elle s'appelait Rose...
LUCIENNE. Rose ! c'était cette jeune fille...
ANDRÉ. Oui, c'était elle... le modèle et la joie de l'atelier et que j'aimais,... comme les plus distingués voudraient qu'on aimât leur fille... tant je mettais dans cet amour de respect, d'adoration. Elle aussi m'aimait alors... et ma mère nous souriait... et notre mariage nous apparaissait à tous les trois comme un Paradis où Dieu lui-même nous invitait au bonheur.

LUCIENNE, avec élan. Mon père, oui, cet homme va dire la vérité !
DE CHARLIEU. Continuez, monsieur.
ANDRÉ. Notre mariage était fixé, quand celui-ci. (Désignant Savigny.) vit Rose, et me l'envia... et voici le plan qu'il suivit pour réussir. — Je m'étais brisé le bras devant sa demeure... il me releva, me fit transporter chez ma mère ; me prodigua ses soins avec tant de dévouement, d'habile générosité... que Rose qui était une fière et délicate enfant, née pour être grande dame, se troubla peu à peu, la pauvre petite !... et quand le serpent lui jura sur l'honneur, sur sa mère, sur Dieu... qu'il la voulait pour femme !... elle en prit le vertige... et alors il l'entraîna au loin ; et quand il en eut assez... il se sauva... en lui jetant pour elle et son enfant, un sac de louis qu'elle refusa... Votre banquier a dû vous le dire.
DE CHARLIEU, haletant. Est-ce tout ?
ANDRÉ. Rose, de retour en France... épuisée de force et d'espoir... entra, à notre insu, à l'hôpital... où naquit et mourut son enfant... et peu après, ce fut au tour de la mère...
CHARLIEU, LUCIENNE. Morte !
JOHNSON, à part. Je l'avais prédit.
ANDRÉ. Voilà la vérité... que j'ai voulu apporter... Et je crois que c'est Dieu qui a choisi le lieu, le jour, l'instant et les témoins.
LUCIENNE. Oui, mon père, c'est Dieu !
DE CHARLIEU. M. de Savigny. vous ne répondez pas ?...
SAVIGNY. De pareilles aventures surviennent à tout garçon !
DE CHARLIEU, avec indignation. Non, monsieur. (A André et Sosthène.) Votre lettre avait raison. Infamie ! (Aux assistants.) Messieurs... attestons-le, tous.
TOUS. Oui, oui.
DE SAVIGNY à GEORGES. Vous les entendez. Vous êtes un misérable. (A l'assemblée.) Messieurs, je reçois vos adieux. (A Lucienne, lui désignant André et Sosthène.) Remerciez-les et laisse-moi. (Lucienne tend silencieusement la main à André et Sosthène et sort par la droite. Sortie silencieuse des autres.)

SCÈNE VII

ANDRÉ, SOSTHÈNE, SAVIGNY, DE CHARLIEU, JOHNSON, MAUCROIX.

Johnson et Maucroix ont fait le mouvement de suivre les autres.

SAVIGNY, les arrêtant. Restez... (Allant à André et les désignant.) Voici mes témoins.
ANDRÉ, désignant Sosthène. Voici l'un des miens.
DE CHARLIEU, s'avançant. Je serai l'autre, M. Deschamps.
ANDRÉ. Merci.
SAVIGNY. Votre jour ?
ANDRÉ. Aujourd'hui.
SAVIGNY. L'heure et le lieu ?
ANDRÉ. Tout de suite. Ici.
SAVIGNY, regardant de Charlieu. Ici ?
ANDRÉ, même jeu. Ici. Vous comprenez, monsieur, pourquoi ?

DE CHARLIEU. Oui.
SAVIGNY. Soit. Les armes ?
ANDRÉ. L'épée...
SAVIGNY. L'épée ! (A part, avec joie.) Il est mort !
DE CHARLIEU. Je cherche des épées.

(Il sort par la gauche.)

SCÈNE VIII

LES PRÉCÉDENTS, moins DE CHARLIEU
(Silence pendant la durée de l'absence de Charlieu.)

SCÈNE IX

LES PRÉCÉDENTS, CHARLIEU, avec des épées qu'il présente silencieusement.

SAVIGNY. En garde. (Duel).

(André ferraille. Savigny, comme surpris de constater la force inattendue d'André, relève un instant son épée et le regarde inquiet.)

ANDRÉ, souriant. Monsieur de Savigny, vous me trouvez d'une rude école ! — Le lendemain de votre départ, j'ai pris pour ami de toutes mes journées un sergent de zouaves dont le premier duel avait vengé l'honneur d'une sœur. Je lui confiai mon histoire, il me comprit... m'embrassa... et si je ne suis pas venu plus tôt,... c'est que je me voulais de force à faire justice à coup sûr !

(Aux témoins.)

Messieurs, je crois qu'il ne vous fait pas honneur ? Il a peur.

DE SAVIGNY, chargeant André. En garde !

ANDRÉ, tout en ferraillant sur la défensive. Sosthène, regarde un peu l'agonie d'un lâche. — Il avait la fièvre, tout à l'heure, dans sa conscience... elle lui passe et court maintenant dans le corps, depuis qu'il se sent au bout de ma lame. — Les gredins frissonnent toujours à leur dernière minute !

SAVIGNY, sourdement. Mais taisez-vous donc !

MAUCROIX. Messieurs, finissez.

ANDRÉ, même jeu. J'ai lu qu'autrefois, avant l'exécution, on amenait le condamné aux places où il avait été scélérat. (Prenant l'offensive et faisant reculer Savigny.) A cette place, vous nous avez offert les corbeilles de mariage. (Le faisant reculer vers une autre place.) A celle-ci, vous avez fait chanter à Rose sa chanson d'honnête fille. (Le menant vers un troisième point du salon.) Ici, Rose est tombée, évanouie dans vos bras. Ici, tu vas tomber mort.

(Il tue Savigny.)

DE CHARLIEU à André, désignant Savigny. Monsieur Deschamps, si la loi vous interroge, j'ai été votre témoin... je serai votre premier défenseur.

ANDRÉ. Merci. (Après un temps.) La France a des soldats qui combattent au loin. Je partirai les rejoindre... et le champ de bataille me réunira à mes deux bien-aimées :... ma mère et Rose... ma mère et Rose !...

FIN

www.ingramcontent.com/pod-product-compliance
Lightning Source LLC
Chambersburg PA
CBHW060934050426
42453CB00010B/2003